LA
QUESTION D'ORIENT

IMPRIMERIE GÉNÉRALE DE CHATILLON-SUR-SEINE. — A. PICHAT.

W. RÜSTOW

LA
QUESTION D'ORIENT

HISTOIRE
DE LA PÉNINSULE DES BALKANS

TRADUCTION FRANÇAISE

Par G. REYNAUD

Lieutenant au 19e Dragons

PARIS
LOUIS WESTHAUSSER, ÉDITEUR
10, RUE DE L'ABBAYE, 10

1888

LA
QUESTION D'ORIENT

PREMIÈRE PARTIE

Iɴᴛʀᴏᴅᴜᴄᴛɪᴏɴ. — Situation dans la péninsule des Balkans et événements dont elle est le théâtre depuis la paix de Paris (1856) jusqu'au moment où la Serbie et le Monténégro déclarent la guerre à la Porte (*fin juin* 1876).

I

LES ÉTATS DE LA PRESQU'ILE DES BALKANS

Depuis la guerre de Troie, la question d'Orient reparaît à toutes les pages de l'histoire de l'Europe. Pendant trois mille ans, sous les formes les plus variées, elle occupe le monde.

Qu'est-elle au début? Une lutte entre l'Asie et l'Europe, lutte dont l'enjeu est une jolie femme.

La question d'Orient reparaît plus tard dans les

guerres persanes, triomphe d'un petit peuple libre devenu l'âme de l'univers, sur des masses barbares et sur le despotisme.

C'est avec l'art, avec la science, avec les armes et le cri de liberté, qui part du fond du cœur et n'est pas un vain mot, que le peuple grec, après s'être vaillamment défendu, prend à son tour une vigoureuse offensive. Le chemin de l'Asie centrale est frayé à Alexandre par les dix mille dont il adopte l'esprit avec enthousiasme. Le jeune conquérant, véritable incarnation de Bacchus, brise les armes des Asiatiques et subjugue leurs cœurs. Jamais la réconciliation de l'Asie et de l'Europe ne fut plus près de s'effectuer qu'à l'époque d'Alexandre. Mais un affreux destin fait périr à la fleur de l'âge le maître de l'univers. Avec lui périt sa grande œuvre dont la pensée ne sera pénétrée par la postérité que beaucoup plus tard.

Les Romains, guerriers portant avec eux un droit des gens codifié à leur façon ne pouvaient continuer l'œuvre commencée par l'élève d'Aristote.

Ils léguèrent au monde Byzance, la politique byzantine, les souverains du bas empire. Ces derniers furent renversés par les barbares de la race touranienne, après avoir vu leurs états envahis par le torrent des croisades. Les croisés opposaient bien la croix au croissant, mais non pas l'instruction à l'ignorance, la lumière à la superstition. Aussi les croisades, ce mouvement si important au point de vue matériel, n'ont-elles presque pas laissé de traces dans l'histoire, au moins sur le sol qui en fut le théâtre.

Bysance tomba, et le plus misérable des peuples soumis par Mahomet à la loi du Coran, les Turcs, s'emparèrent de Constantinople et des détroits qui relient la mer Egée à la mer Noire. Cette région est en quelque sorte le nœud qui attache l'Occident à l'Orient ; ce nœud ne peut être ni délié ni tranché : l'Orient et l'Occident devront désormais se contenter de le franchir, soit d'un côté soit de l'autre en évitant de toucher aux liens qui le forment.

Les Osmanlis établis dans les Dardanelles menacèrent de là l'Europe entière, qui luttait pour le développement de sa civilisation. L'Europe dut commencer par se mettre sur la défensive, elle aurait pu songer dès le XVIIIe siècle à attaquer et refouler l'invasion, mais sa situation troublée ne le lui permit pas.

C'est pendant ce même siècle que se développa une grande puissance qui devait pour la satisfaction de ses intérêts propres, faire entrer la question d'Orient dans une nouvelle phase : je veux parler de l'Empire russe. La politique, l'économie, la religion étaient autant de raisons qui engageaient la Russie à tourner vers le sud ses regards et ses efforts. La solution devenait la suivante : chasser d'Europe les Osmanlis, délivrer de leur joug les peuples chrétiens de la presqu'île des Balkans. Ces derniers sont en effet accessibles à la civilisation occidentale; on n'en saurait dire autant des Osmanlis. Depuis Pierre le Grand, les souverains de la Russie ne perdirent pas de vue ce petit coin de terre qui entoure la mer de Marmara, et qui avec le Bosphore et les Dardanelles, lien de la mer de Marmara, de la mer Noire et de la mer Egée, peut être considéré comme la clef de toutes les solutions de la question d'Orient.

Troie était située à l'extrémité méridionale de l'Hellespont. Darius franchit l'Hellespont pour entreprendre une campagne contre les Scythes, et attaquer pour la première fois avec quelque bonheur la puissance qui n'était autre que la Russie actuelle. C'est après avoir franchi l'Hellespont que Xerxès vint en Europe attaquer les Grecs; c'est sur le Granique qui se jette dans la mer de Marmara, qu'Alexandre remporta sa première victoire sur la puissance militaire de la Perse. Les armées romaines et les Croisés, marchant à la conquête de l'Asie, ont suivi les routes du Bosphore et de l'Hellespont; et lorsque, dans notre siècle, la Russie fit la guerre aux Turcs en 1828 et 1829, elle dirigea ses armées du Pruth et du Caucase à la fois contre la mer de Marmara. C'est encore en Crimée, que les Anglais et les Français concentrèrent leurs forces en 1854 lorsqu'ils s'allièrent pour protéger les Turcs contre la Russie.

II

Les États situés dans la presqu'île des Balkans sont le royaume de Grèce, la principauté de Monténégro, la Turquie avec la Roumanie et la Serbie. Il y a en outre le long de la côte de l'Adriatique l'Autriche-Hongrie avec une partie de la Croatie et la Dalmatie à la forme allongée.

Le royaume de Grèce comprend aujourd'hui le Péloponèse, à peu près l'ancienne Grèce, l'île Euboa (Négrepont), avec les Sporades au nord, les Cyclades et depuis le 28 mai 1864 les îles Ioniennes, cédées en vertu d'un traité du 14 novembre 1863 par la Grande-Bretagne, sous le protectorat de laquelle elles avaient été placées en 1815.

Actuellement la Grèce a une superficie d'environ 912 milles carrés et une population de 1,500,000 habitants. Ces derniers sont presque tous Grecs de langue et de nationalité, c'est tout au plus si 100,000 habitants appartiennent à d'autres races et sont Albanais, Valaques (Roumains) Juifs, etc... Toute la population du royaume, à l'exception de 30,000 habitants au plus, suit les rites de l'église orthodoxe grecque.

Depuis 1503, la partie continentale de la Grèce était soumise à la domination musulmane qui là comme partout ne sut que détruire. Mais, malgré l'oppression, les Grecs s'armant d'une ténacité et d'une énergie inouïes conservèrent leur caractère national. Ils continuèrent à parler leur langue et l'approprièrent aux usages de la vie moderne; ils perfectionnèrent leur marine et leur commerce et adoptèrent avec avidité pour leur usage l'éducation européenne occidentale.

Telle qu'une jeune pousse qui sort d'un vieux tronc, la nouvelle nation grecque greffée sur l'antique race des Hellènes toujours vivace était plus florissante que jamais. Cette nationalité n'était nullement resserrée dans les étroites limites du royaume de Grèce actuel; car la frontière septentrionale des pays où l'on parle le grec moderne s'étend bien au delà. La ligne qui figurerait cette frontière part à peu près de Philates sur les rives de la mer Adriatique, passe au nord de Janina, par Konitza, Kastoria et le bas Vardar; elle s'arrête à Salonique. Au nord et à l'est de Salonique la race grecque prédomine dans la plus grande partie du sud de la Roumélie.

Sur les rives de la mer Noire elle arrive jusqu'à Agathopoli (Aktebol). Les Grecs habitent encore en grand nombre les côtes nord, ouest et sud de l'Asie Mineure, les îles situées sur la côte ouest ainsi que les grandes îles de Chypre et de Candie.

D'après les estimations les plus modérées, le nombre des Grecs vivant sur le sol turc serait de 2 millions. Il est hors de doute que ces évaluations restent encore bien au-dessous de la vérité, car la langue grecque est beaucoup plus répandue que ces données ne le laisseraient supposer.

Déjà dans le siècle passé, l'essor de la nation grecque ne pouvait être méconnu ; ce mouvement devait d'autant moins rester à l'état latent, que la race conquérante, les Turcs, repoussés de l'Europe jusque derrière le Danube s'oubliaient et se laissaient énerver dans la vie du harem. Indépendamment de toute question d'oppression matérielle, les Grecs sentant un sang généreux bouillonner dans leurs veines, trouvaient chaque jour plus indigne d'eux le joug de ces Turcs abrutis. Ces derniers jalousaient les Grecs et commençaient à redouter leur vitalité; d'un autre côté, ils avaient encore besoin des Grecs pour entretenir leur commerce avec le reste du monde, ils étaient même souvent obligés de leur confier des postes politiques importants.

La vie intellectuelle si animée qui se développa en France au xviiie siècle, la liberté de la pensée, cause première de la grande révolution française, ne furent pas sans influence sur la jeune Grèce. Le prince Alexandre Mavrocordato, un Grec, que le sultan avait fait hospodar de Valachie, devint le fondateur d'une hétérie ou association destinée à mettre en mouvement l'Europe dans le but de ranimer et délivrer la jeune Grèce.

Le mouvement de la révolution française et des guerres napoléoniennes, les luttes soutenues pour leur indépendance par l'Espagne, l'Allemagne et la Russie étaient autant de leçons pour les Grecs; pourquoi ne pourraient-ils pas faire ce que d'autres avaient fait? L'idée de l'insurrection commençait à germer dans toutes les têtes des Hellènes, et cependant pour les décider à passer de l'intention au fait il fallut les massacres par lesquels les Turcs crurent prévenir brutalement toute insurrection. Jusqu'en 1827 les Grecs, n'ayant l'appui officiel d'aucune puissance luttèrent pour leur délivrance avec autant d'héroïsme que d'habileté. Enfin le 6 juillet 1827, la Russie, la France et l'Angleterre conclurent un traité pour mettre un terme à l'effusion du sang et obtenir au moins un armistice pendant lequel on négocierait une paix véritable. En intervenant de la sorte, l'Angleterre se laissa sans doute entraîner par la Russie et la France. Les Turcs daignèrent à peine honorer d'une réponse la sommation qui leur fut faite par les alliés après la convention de Londres. C'est alors que les flottes des puissances alliées détruisirent dans la rade de Navarin la flotte turco-égyptienne le 20 novembre 1827. Après Navarin, l'Angleterre se montra assez indifférente à la délivrance des Grecs. L'attitude de la France fut au moins tiède : toutes ces raisons donnèrent au sultan le courage de s'attaquer audacieusement à la Russie. L'empereur de Russie Nicolas répondit à cette témérité en faisant aux Turcs la guerre sur le continent. Ses armées s'avancèrent sur le Danube et pénétrèrent en Asie Mineure. La paix fut dictée aux Turcs à Andrinople en 1829 et c'est seulement alors que l'Angleterre sut faire de la Grèce un état indépendant.

Le roi de ce petit pays fut d'abord le prince bavarois Othon ; marié avec une princesse d'Oldenbourg, il resta sans enfants. Bien que complètement incapable de gouverner un peuple jeune, remuant et parfois peu correct dans sa conduite, Othon n'en resta pas moins roi de Grèce jusqu'à la révolution d'octobre 1862.

Le protocole conclu le 5 juin 1863 à Londres par les puissances alliées lui donna un successeur dans la personne du prince Guillaume de Schleswig-Holstein-Sonderbourg-Glucksbourg fils de Christian IX, le roi actuel de Danemark depuis 1873. Le prince Guillaume prit le nom de Georges Ier et apporta comme don de joyeux avènement à son petit royaume les îles Ioniennes cédées par l'Angleterre.

Le jeune roi Georges, né en 1845 épousa en 1867, la princesse Olga, plus jeune que lui de six ans : elle était fille du prince Constantin, frère de l'empereur Alexandre II.

1.

De ce mariage naquirent plusieurs enfants. L'aîné, Constantin, reçut le nom de « duc de Sparte. »

Jusque-là tout allait bien ; le duc de Sparte portant le nom de Constantin était peut-être destiné à avoir un jour pour capitale Constantinople, mais à la surprise générale, le roi Georges 1er choisit précisément pour aller faire en Europe un voyage d'agrément le moment où la presqu'île des Balkans était de nouveau en conflagration.

III

MONTÉNÉGRO

La petite principauté de Monténégro (Tcherna-gora, pays des montagnes noires), n'a que 1,300,000 habitants qui, à part de rares exceptions, sont des Slaves Serbes. Leur religion est la confession orthodoxe grecque.

Le Monténégro n'est pas vassal de la Turquie, et est même complètement indépendant. Dans toutes les occasions pourtant la Sublime Porte a prétendu avoir des droits de suzeraineté sur ce pays. Une telle dépendance n'a jamais été reconnue par le prince de Monténégro, ni ratifiée par aucun traité européen.

Aux négociations qui eurent lieu à Paris en 1856, le ministre plénipotentiaire de la Porte déclara qu'il regardait le Monténégro comme faisant partie intégrante de la Turquie.

Le prince Danilo protesta contre cette prétention, et y répondit en réclamant au nom du Monténégro, la moitié de l'Albanie et toute l'Herzégovine, parce que ces pays avaient fait partie des possessions de ses ancêtres, tandis que le Monténégro n'avait jamais été sous la domination turque.

En 1858 et 1862, la question du Monténégro revint sur le tapis : les Turcs demandèrent encore une fois que leur suprématie sur la principauté fût reconnue; mais les puissances européennes refusèrent d'accéder au désir de la Porte qui du reste n'a aucun droit à cette suzeraineté, bien qu'elle n'ait jamais complétement renoncé à ses prétentions sur ce point.

Les Monténégrins sont un peuple guerrier. Depuis une dizaine d'années ils commencent à s'adonner à l'agriculture et à l'élevage des bestiaux. Ils ne négligent pas non plus la culture intellectuelle. De nombreuses écoles ont été fondées dans les communes les plus isolées; elles obtiennent d'excellents résultats.

IV

La domination de la Sublime Porte s'étend en
Europe et sur une partie importante de l'Asie et de
l'Afrique. La superficie de l'empire turc est évaluée
à 72000 milles carrés géographiques. La population est d'au moins 43 millions d'habitants.

Nous parlerons plus tard des possessions de la
Turquie en Asie et en Afrique. Cette question doit
être traitée d'une façon spéciale, d'abord pour l'é-
tude de l'organisation militaire de l'empire tout entier, ensuite à cause de l'importance de l'Égypte,
pays tributaire. Par son passé historique et depuis
l'achèvement du canal de Suez, l'Égypte est destinée à jouer un grand rôle dans la phase moderne
de la question d'Orient. Tenons-nous en pour le
moment à la Turquie d'Europe.

La Turquie d'Europe, en y comprenant les états tributaires de la Roumanie et de la Serbie, a une superficie de 9500 milles carrés et une population de 18 millions d'habitants. Dans ces 18 millions on ne trouve que 2,100,000 Turcs Osmanlis, le reste de la population se compose de 6,200,000 Slaves (Serbes, Illyriens, Bulgares) 4,000,000 Roumains 1,500,000 Albanais, un million de Grecs; 400,000 Arméniens, le reste est juif, tzigane ou tartare.

La race conquérante est donc en nombre infime comparativement aux autres races. Cette proportion frappe moins si l'on considère les différences de religion. On compte sur le territoire de la Turquie d'Europe 4,550,000 adhérents à l'islamisme : 12,000,000 d'habitants appartiennent à l'église orthodoxe grecque; le reste est catholique romain, arménien, juif, etc.

D'après ces données, dont l'exactitude ne peut être rigoureuse, vu la situation troublée de la Turquie, mais qui sont pourtant suffisamment exactes, on est amené à conclure que dans l'empire ottoman, un grand nombre d'adhérents à l'islamisme n'appartiennent pas à la race osmanlie et sont Slaves et Albanais d'origine. Quand les Turcs firent la conquête du pays, ils récompensèrent les conversions à l'islamisme chez les peuples vaincus en donnant aux renégats de grands avantages. Ces derniers avaient le droit de posséder des propriétés foncières ; de plus, ils aidaient les Turcs à réduire à l'esclavage le plus dégradant leurs anciens coreligionnaires

restés fidèles à leurs croyances. Ainsi en Bosnie
par exemple, les musulmans, qui encore tout récemment poussaient à bout le peuple et occasion-
naient par là de fréquentes révoltes, sont tous, à
part de bien rares exceptions, d'origine serbe.

V

POPULATIONS CHRÉTIENNES DE LA TURQUIE. — LA DETTE TURQUE

Si l'on veut se représenter la situation actuelle de la Turquie dans le concer européen, il faut remonter jusqu'à la paix de Paris en 1856. C'est en effet ce traité qui devait régler les relations générales de la Turquie, ainsi que sa position vis-à-vis de la Serbie et de la Roumanie ; les rapports de la Russie et de la Turquie sur la mer Noire devaient être arrêtés d'une façon définitive ; il était nécessaire enfin de régler la question de là navigation du Danube et celle de l'interdiction de la mer de Marmara et de ses issues dans la mer Noire et la mer Égée. Les puissances qui participèrent à la conclusion du traité de Paris sont l'Autriche, la France, l'Angleterre, la Prusse, la Russie, la Sardaigne et la Turquie.

L'article 7 du traité de Paris assurait à la Turquie les avantages du droit international en la faisant entrer dans le concert européen. Les puissances contractantes s'engageaient à respecter l'indépendance et l'intégrité de l'empire ottoman, et à traiter toute atteinte qui y serait portée comme une question d'intérêt général. S'il s'élevait entre la Sublime Porte et l'une des puissances contractantes un conflit de nature à compromettre leurs bonnes relations, la Turquie et la puissance en désaccord avec elle devaient, avant de recourir aux armes, accepter l'arbitrage des autres puissances signataires du traité. (Art. 8.)

Comme on le voit, l'existence de la Turquie fut *garantie* en 1856 par toutes les grandes puissances actuelles. En effet le pays, qui n'était alors que la Prusse, est aujourd'hui le grand empire allemand ; et la Sardaigne, admise par grâce aux négociations de la paix de Paris, est devenue le royaume d'Italie.

Ces garanties étaient toutefois données à une condition, c'est que la Porte traiterait mieux ses sujets chrétiens, qui sont les plus nombreux au moins dans la Turquie d'Europe.

Mais *cette clause fut insérée dans le traité d'une façon assez malheureuse.* En effet, l'article 9 disait : « Sa Majesté le sultan, dans sa constante sollicitude pour le bien-être de ses sujets, ayant octroyé un firman qui, en améliorant leur sort sans distinction de religion et de race, consacre ses généreuses intentions envers les populations chrétiennes de son empire, et voulant donner un nouveau témoignage de ses sentiments à cet égard, a résolu de communiquer aux puissances contractantes ledit firman, *spontanément émané de sa volonté souveraine*. Les puissances contractantes constatent la haute valeur de cette communication. Il est bien entendu qu'elle ne saurait, en aucun cas, donner le droit aux dites puissances de s'immiscer, soit collectivement, soit séparément dans les rapports de Sa Majesté le sultan avec ses sujets, ni dans l'administration intérieure de son empire. » Tel fut le résultat des délibérations du congrès européen, qui craignait avant tout de voir s'établir dans la péninsule des Balkans et surtout en Orient les conditions normales de la vie.

La France, l'Angleterre et l'Autriche avaient compris qu'à la longue, on ne pouvait voir de sang-froid les chrétiens opprimés en Turquie par un petit nombre de Musulmans. Il fallait donc dans le traité de paix obtenir de la Porte une garantie, au moins *apparente*, en faveur des sujets chrétiens. Des conférences commencèrent dans ce but entre des plénipotentiaires des trois états et de la Porte. Elles eurent un merveilleux résultat.

Le 10 février 1856, le sultan Abdul-Medjid fit paraître un *firman* qui fut publié solennellement le 18 à Constantinople et dans toutes les provinces de l'empire ottoman.

Voici la teneur de ce firman :

Les privilèges déjà octroyés aux différentes églises chrétiennes restent maintenus.

Tous les cultes de l'empire sont égaux et les

chrétiens peuvent aussi bien que les musulmans
devenir fonctionnaires de l'Etat. Aucune poursuite
n'aura plus lieu pour changement de religion, particulièrement pour la conversion de l'islamisme au
christianisme.

Des écoles publiques sont créées.

Il est institué pour les chrétiens une législation
particulière indépendante des prescriptions du Coran ; des codes répondant à cette nouvelle institution seront écrits et publiés dans toutes les langues
de l'empire.

Les chrétiens peuvent acquérir des propriétés
foncières ; ils sont soumis à la conscription comme
les musulmans, par suite, ils peuvent obtenir tous
les grades de la hiérarchie militaire.

Des réformes concernant les prisons, la police,
l'administration des provinces, le budget sont entreprises conformément à l'esprit européen. Le
commerce et l'échange seront favorisés par l'amélioration des moyens de communication. Les chrétiens seront représentés au conseil d'état.

Vingt années se sont écoulées depuis ce firman
et *pas une* de ces promesses n'a été suivie même d'un
commencement d'exécution. Les signataires du
traité de Paris de 1856 ont donc le droit de ne plus
se considérer comme engagés par cette garantie
d'existence donnée à la Turquie d'une manière si frivole. — Frivole est le mot, car il est impossible que
des diplomates, qui n'étaient pas des enfants, aient
cru, ne fût-ce qu'une seconde, à l'exécution des

promesses du firman édicté le 10 février 1856.

Pour arriver à l'égalité des chrétiens et des Turcs, des opprimés et des oppresseurs, il faudrait faciliter la fusion des races et pour cela rendre possible le *connubium*. C'est là une vérité prouvée par de nombreux exemples historiques, et un diplomate devrait connaître au moins les leçons les plus élémentaires de l'histoire. Or la fusion est impossible. Le mahométan est polygame, le chrétien est monogame. Toute fusion de races est absolument impossible dans un pays où la monogamie et la polygamie sont légitimes au même titre, parce que le mariage est inadmissible entre races qui admettent comme loi, l'une la polygamie, l'autre la monogamie. Je ne veux pas m'arrêter à le démontrer. Les Français ont fait du reste en Algérie les expériences les plus intéressantes à ce sujet, et il serait à souhaiter qu'un de leurs savants jurisconsultes en fît connaître les résultats pour l'édification de l'Europe.

Il est en outre inadmissible qu'un petit nombre d'oppresseurs aille librement se dessaisir de ses armes pour les donner aux opprimés plus nombreux. Une telle aberration ne s'est jamais vue dans l'histoire du monde. Cependant les honnêtes diplomates qui signèrent le traité de Paris de 1856 firent semblant de croire, (nous devons le supposer), que le gouvernement turc recruterait son armée aussi bien dans la population chrétienne que dans la population musulmane. La Porte naturellement, se garda bien d'agir ainsi, et se moqua des diplomales européens avec ou sans leur consentement.

Elle créa en effet pour les chrétiens une sorte de capitation : On portait à 16,000 hommes le contingent annuel pour tous les chrétiens qui, d'après les moindres estimations, étaient dans l'empire ottoman tout entier au nombre de 14 millions.

Mais ce contingent n'arrivait pas sous les drapeaux : tout chrétien tombant sous l'application de la loi e recrutement était *forcé* de se libérer en payant un impôt. Les Turcs ne se donnèrent même pas la peine de prétexter le manque d'ampleur du thorax et la faiblesse de constitution, comme cela se pratique dans les états les plus civilisés. Ils décrétèrent simplement que les chrétiens n'avaient aucune envie de devenir soldats et le répétèrent ensuite à l'étranger. Mais l'Europe, cette Europe diplomatique, toujours prête à faire face à toute insurrection libérale, avait, à la paix de Paris, traité les Turcs avec trop de façons et ne pouvait plus changer d'attitude. L'impôt de la libération du service variait selon les années de 3,000 à 5,000 piastres (675 à 1125 fr.) pour chaque homme de recrue. En 1870 cet impôt rapporta 15 millions.

Pour mieux se jouer de la diplomatie européenne, les Turcs créèrent une brigade de cavalerie qui reçut un contingent de Polonais exilés et de Bulgares; seulement cette troupe ne tarda pas à se dissoudre. Les Turcs instituèrent encore quelques corps de volontaires albanais, pour bien montrer leur bonne volonté à l'Europe, qui s'obstinait à fermer les yeux.

Mais ils eurent bien soin d'interdire l'accès de leurs écoles d'officiers aux chrétiens, qui, à vrai dire, y perdaient peu.

Il est nécessaire, surtout de nos jours, de rappeler tous ces faits, en face desquels l'Angleterre joue un assez triste rôle. Que, dans un combat loyal entre Danois et Allemands, deux cents hommes restent sur le carreau, ou encore, qu'un village soit incendié, l'Angleterre crie aussitôt à la barbarie. En revanche, lorsque des millions de chrétiens sont, en pleine paix, égorgés par les Turcs, lorsque des centaines de mille de chrétiens sont livrés au désespoir, en proie au pillage et à l'incendie, au mépris de tout droit, alors ces braves Anglais se refusent à reconnaître l'évidence de ces faits, ou ils trouvent la chose régulière, « parce que, disent-ils, ces chrétiens-là sont plus mauvais que les Turcs, ou tout au moins ne valent guère mieux. »

Il faut reconnaître cependant, que sur un point, la Turquie est bien entrée dans le système d'états européens, c'est par sa dette. De 1854 à 1860, la Sublime Porte fit quatre emprunts de 325 millions. A cette époque l'organisation d'un budget était encore chose complètement inconnue, et la mauvaise gestion des finances de la Porte, si toutefois on peut parler ici de gestion, n'était un mystère pour personne. Mais les taux d'émission étant très bas et les revenus très gros, les banquiers européens trouvèrent de l'argent. Les Turcs s'attirèrent même par leur libéralité, aux frais il est vrai de leurs créanciers, l'ardente sympathie de tous les usuriers d'Europe. Bientôt le « Turc » fut au premier rang des valeurs à la mode.

Le sultan Abdul-Medjid mourut le 25 juin 1861. Il eut pour successeur son frère Abdul-Aziz. Il est d'usage dans la presse européenne, de porter aux nues tout nouveau souverain, tout ministre, tout général appelé à un grand commandement. On en fait une merveille ; puis, un beau jour, on fait pleuvoir sur ces personnages les lazzis et les attaques avec la même libéralité et la même naïveté que les flatteries quelque temps avant.

Abdul-Aziz ne pouvait faire exception à la règle. On vanta beaucoup la profondeur de ses vues, sa connaissance des affaires d'Europe, son désir d'introduire en Turquie l'éducation européenne. On raconta qu'il n'avait qu'une femme et qu'il vivait avec elle dans l'union la plus sainte. Puis, un beau jour, on découvrit qu'il avait au moins 100 femmes de plus que feu son frère, qu'il poussait plus loin qu'aucun de ses prédécesseurs l'amour d'un luxe effréné, qu'il était bien homme à unir ses vices orientaux aux vices européens, qu'enfin il aimait avant tout l'argent et les banquiers d'Europe. Ces derniers lui procuraient de l'argent avec une facilité qui ne laissa pas que de l'étonner tout d'abord, mais qu'il finit par trouver toute naturelle, surtout lorsqu'il eut visité en 1867 l'exposition universelle de Paris.

Les souverains orientaux s'habituaient peu à peu à venir en Europe dans le but d'étudier à fond l'art de faire des dettes et d'apprendre à mépriser le Giaour qui extorquait aux peuples européens de l'argent pour leurs harems.

Sous le sage gouvernement du sultan Abdul-Aziz, la Sublime Porte fit, de 1862 à 1874, dix emprunts dans des conditions de plus en plus onéreuses et ruineuses naturellement. Depuis 1863, on avait organisé un budget en Turquie, seulement c'était un vrai conte des Mille et une nuits. On n'y trouvait pas un mot de vrai ; mais c'était un budget divisé, comme le plus beau budget européen, en dépenses prévues et extraordinaires.

Pour les dépenses régulières, ou bien la recette cadrait avec les dépenses, ou bien il y avait un déficit si minime qu'en raison des « richesses naturelles » de la Turquie, ce n'était pas la peine d'y faire attention. En réalité, la plupart des contrées de l'empire ottoman sont véritablement favorisées par la nature, mais l'industrie n'existe pas. La situation des mahométans propriétaires du pays vis-à-vis des chrétiens, qui, asservis et privés de tout droit, s'adonnent à la culture et à l'élevage, le système désordonné de la perception des impôts, l'arbitraire des pachas et de tous les fonctionnaires, depuis le haut de la hiérarchie jusqu'aux simples gendarmes, sont autant d'obstacles à l'exploitation de ces riches contrées par de paisibles cultivateurs.

A la fin de l'année 1874, la dette turque, en y comprenant une dette flottante de 500 millions, atteignait le chiffre de 5300 millions. Cette dette aujourd'hui paraîtrait minime. Il a fallu peu de temps à la France pour payer à l'Allemagne une rançon de 5 milliards. Seulement la France a un revenu annuel de 2700 millions, tandis que les revenus de cet immense empire ottoman atteignent tout au plus le chiffre de 500 millions, et, sur ces 500 millions, 400 au moins sont nécessaires pour rembourser les emprunts usuraires dont l'argent est déjà dépensé, de telle sorte qu'il ne reste presque rien pour l'administration de l'Etat.

L'argent provenant des emprunts ne fut pas employé à des créations utiles, il ne servit pas à ouvrir des routes et à améliorer celles qui existaient. Les quelques chemins de fer de la Turquie ont été créés par des compagnies. On n'employa pas davantage les revenus destinés à fonder des écoles, à favoriser l'essor de l'industrie.

Non, c'est dans le harem du sultan que passait la première part, les dignitaires de toute sorte en accaparaient une autre ; enfin une partie importante de l'emprunt servait à payer les revenus usuraires des emprunts précédents, afin de maintenir le « crédit » de la Porte et de rendre possibles de nouvelles tromperies, de nouvelles escroqueries. Le reste de l'emprunt était consacré à l'achat de vaisseaux cuirassés, de canons rayés, de fusils. Mais ni les fonctionnaires, ni l'armée ne pouvaient être régulièrement payés. S'ils ne voulaient pas mourir de faim, ils étaient obligés de pressurer et de piller la population chrétienne : c'est du reste ce qu'ils ne manquèrent pas de faire.

Une aussi épouvantable gestion ne pouvait durer, elle aurait eu depuis longtemps une fin sans l'appui des banquiers européens et des usuriers. Ces derniers trouvèrent de l'argent tant qu'ils trouvèrent des gens assez naïfs pour acheter des valeurs turques et autant qu'eux-mêmes réalisèrent dans ces spéculations de gros bénéfices.

La guerre de 1870 et les 5 milliards que la France dut payer à l'Allemagne empêchent la Sublime Porte de faire de nouvelles dettes et de continuer cette folie d'emprunts que l'Allemagne avait encouragée. Elle ne put réaliser un nouvel emprunt pour payer les revenus des emprunts précédents. Elle déclara alors en 1875 que jusqu'à nouvel ordre, elle paierait une moitié des revenus avec un nouveau papier, devant lui-même rapporter intérêts, et que l'autre moitié serait soldée en espèces, avec cette restriction pourtant, que le dernier paiement s'effectuerait seulement s'il était possible de tirer de l'argent de l'Occident. Cette déclaration refroidit promptement l'enthousiasme pour la Turquie chez les hommes qui dirigent les finances d'Europe. Quelques usuriers se faisant illusion, avaient encore confiance dans la crédulité des petits capitalistes européens. Ils firent tous leurs efforts pour conserver à la Porte quelque crédit aux frais de l'étranger.

VI

ROUMANIE

Le traité de Paris de 1856 contient les dispositions suivantes : au sujet des principautés du Danube, la Roumanie actuelle, la Moldavie et la Valachie continuent à jouir de leurs libertés et priviléges, sous la suzeraineté de la Porte et la garantie des puissances contractantes. Aucune puissance n'a sur ces pays le droit de tutelle, et ne peut s'immiscer, en quoi que ce soit, dans leur administration intérieure. Ces principautés conservent leur autonomie nationale, la liberté du culte, le droit de faire des lois, la liberté du commerce et de la navigation. Dans chacune des deux principautés, la Turquie convoquera sans retard une assemblée délibérante (Divan) qui exprimera les vœux de ces pays sur la future organisation et sur la révision des lois existantes. Une commission spéciale sera instituée après entente préalable des puissances contractantes. Elle se rendra à Bukharest avec un commissaire de la Porte pour connaître l'opinion des divans de Moldavie et de Valachie, jeter d'après cela les bases de la future organisation des deux principautés, et soumettre enfin ce travail à une conférence des puissances contractantes et de la Porte. Les principautés devront organiser une armée permanente nationale pour assurer la sécurité à l'intérieur et la défense des frontières. Si, après s'être entendues avec la Porte, les principautés prennent des mesures extraordinaires pour se défendre contre toute agression extérieure, nul n'a le droit de les en empêcher. Si l'ordre était menacé ou troublé à l'intérieur des principautés, la Sublime Porte devrait s'entendre avec les puissances contractantes sur les mesures à prendre pour le rétablir et le conserver. Une intervention armée ne pourra se produire sans une entente préalable des puissances. Le territoire de Bessarabie sur la rive nord du Danube est cédé par la Russie et annexé à la Moldavie.

Ces dispositions sont contenues dans les paragraphes 21 à 27 du traité. Elles servirent de base à la convention de Paris (19 août 1586) où l'on arrêta l'organisation définitive des deux principautés, après avoir pris l'avis de leurs divans. Les dispositions essentielles du traité de 1856 étaient maintenues. Nous citerons seulement les articles qui apportent quelque modification, les voici :

Les principautés de Moldavie et Valachie formeront

désormais un groupe sous le nom de « principautés réunies de Moldavie et Valachie. » Le gouvernement se compose d'un hospodar, chef du pouvoir exécutif et d'une assemblée législative pour chaque principauté.

Les hospodars doivent être Moldaves ou Valaques de naissance. Ils sont nommés à vie par les assemblées législatives, et reçoivent leur investiture du sultan. La Moldavie paie à la Porte un tribut annuel de 1.500,000 piastres, la Valachie 2.500,000 piastres. [1]

A la moindre atteinte aux libertés des principautés, les hospodars doivent en appeler d'abord à la Porte et si, par ce moyen, ils n'arrivent pas à se faire rendre justice, ils doivent s'adresser à Constantinople aux ambassadeurs des puissances signataires du traité.

Les milices régulières seront organisées de la même manière dans les deux principautés, de telle sorte qu'il soit possible de les fondre en une seule armée. Elles seront inspectées chaque année par un général désigné une année par l'hospodar de Valachie, l'année suivante par l'hospodar de Moldavie. Si les deux milices sont réunies pour concourir à une même opération militaire, elles seront placées sous le commandement d'un généralissime désigné à tour de rôle par l'hospodar de Valachie ou celui de Moldavie.

Pour les relations entre les deux principautés,

---

1. La piastre turque a une valeur de 22 à 23 centimes.

dans le cas de création de lois ou de leur exécution, une commission centrale sera convoquée.

Le traité de Paris de 1856 était avant tout une marque de défiance contre la Russie, qui, en 1853, s'était réservé une garantie en occupant les deux principautés. Son rôle est déjà moins important dans la convention de 1858, sans que cependant toute arrière-pensée ait complétement disparu.

Dans tous les cas, on se demande pourquoi les deux principautés n'ont pas été réunies en un seul état, du moment qu'elles doivent agir de concert dans le cas d'agression étrangère. Un mouvement se produisit dans les deux pays dans le but d'obtenir cette réunion. On eut recours, dans les deux principautés, à un moyen ingénieux de tourner la convention : ce fut de choisir le même homme comme hospodar. Les deux assemblées de Moldavie et Valachie nommèrent en effet hospodar le colonel Couza, qui gouverna sous le nom d'Alexandre-Jean I*er*. La Porte protesta d'abord, puis finit par ratifier la nomination à vie de Couza en 1860, tout en maintenant ses protestations dans le cas de réunion définitive des deux principautés. Couza se préoccupa fort peu de cette protestation et ne nomma qu'un seul minis tère pour les deux principautés qu'il *réunit* sous le nom de « *Roumanie.* » Les puissances reconnurent la principauté de Roumanie, et la Sublime Porte finit par s'incliner devant les faits accomplis.

Le prince Alexandre-Jean I*er* était un homme assez aimable et un peu léger. Il avait pris pour modèle Napoléon III et, comme lui, quoique sur un théâtre plus restreint, il joua aux coups d'État, aux plébiscites et autres surprises du même genre. Mais, dans un aussi petit pays que la Roumanie, il y a de la cohésion, de plus l'aristocratie, les boyards très riches en propriétés foncières, possèdent une grande influence; aussi, ce jeu ne dura-t-il pas aussi long-temps qu'en France. Une conspiration boyarde y mit fin dans la nuit du 23 au 24 février 1866. Couza fut arrêté dans son lit, retenu quelques jours prisonnier; enfin, bien heureux d'avoir confié à la banque d'Old England les petites économies réalisées pendant son règne, il prit le chemin de Vienne et de Paris, content d'y vivre en prince destitué, débarrassé des soucis du pouvoir. (*Lectiones variant.*) Un Suisse naïf, qui vivait à cette époque à Galatz et à Bukharest, vante le règne de Couza et regrette que son successeur Hohenzollern n'ait pas donné suite à ses projets.

On mit à la place de Couza *un gouvernement provisoire* ayant pour chef le général Golesco. Ce dernier n'eut d'autre préoccupation que de chercher et de donner à la Roumanie un prince régulier. On le trouva dans la personne du prince Charles-Louis d'Hohenzollern-Sigmaringen, frère de ce même prince Léopold qui plus tard, en 1870, donnera à Napoléon III un prétexte pour déclarer la guerre à la Prusse.

Par le plébiscite du 20 avril, ce prince, bien que complètement inconnu à ces braves Valaques, fut élu prince de Roumanie. L'assemblée législative ratifia ce choix le 13 mai, et le 22 mai, le nouveau prince Charles Ier fit son entrée à Bukharest acclamé par le peuple. La Porte protesta contre cette élection et envoya même des troupes en Bulgarie; mais, comme les autres puissances, d'ailleurs très occupées pendant cette année 1866, approuvèrent la nomination du prince, la Porte dut se résigner à suivre leur exemple.

La principauté a une superficie de 2,200 milles carrés; la population est d'environ 5 millions, dont 4,500,000 sont roumains; le reste est tzigane et juif. Ces derniers sont traités assez mal, même de nos jours. Enfin, on y trouve quelques Russes, des Magyars, des Arméniens et des individus appartenant à d'autres nationalités. Il existe encore en Transylvanie et dans la région sud-est de la Hongrie une population de plus de 2,500,000 Roumains; 800,000 habitent la Bessarabie et 70,000 la Dobrutscha et la Bulgarie [1].

Tous ces Roumains n'ont qu'une aspiration, c'est d'être annexés à la principauté. Nous trouvons donc en tout 8 millions de Roumains, qui, en Transylvanie, sont mêlés aux Saxons et aux Magyars.

Les Roumains, généralement connus en Allemagne sous le nom de Valaques, en Transylvanie sous le nom de Motzes, sont les descendants de ces peu-

1. *Note du traducteur.* La principauté de Roumanie a été érigée en royaume en 1881.

plades qui, dans l'antiquité, conquirent la presqu'île
des Balkans au nord de la Grèce. Les Grecs les ap-
pelaient Thraces, leur langue était un dialecte illyrien. La contrée fut envahie par les Sarmates et
plus tard conquise par l'empereur Trajan qui en fit
la province romaine de Dacie. La population se res-
sentit de la domination romaine, aussi la langue
roumaine actuelle appartient-elle par sa grammaire
aux langues romanes, aussi bien que l'espagnol et
l'italien. Il n'en est pas de même des mots, qui dé-
rivent en aussi grand nombre de racines slaves que
de racines latines.

Le territoire roumain s'étend dans les plaines peu
accidentées de la vallée du Bas-Danube, il est situé
entre le 44e degré de latitude au sud, et le 48e au
nord. Aussi est-il favorisé par la nature, et son ex-
ceptionnelle fertilité lui permet d'exporter une
grande quantité de blé, bien que le pays soit assez
mal administré. Les finances sont dans le désarroi
le plus complet et les nobles roumains traitent leurs
créanciers en Europe presque avec le sans-gêne des
Turcs. On ne peut parler des chemins de fer roumains sans se rappeler Strousberg le fameux uto-
piste. Des progrès pourront être réalisés dans l'éducation populaire encore très arriérée; une réforme
sociale ne tardera guère à s'imposer par suite du
soulèvement des classes inférieures; aussi l'avenir
de la Roumanie nous apparaît-il sous les auspices
les plus heureux.

VII

(

SERBIE

Les Serbes envahirent en 623 la Serbie actuelle et la Bosnie. Au siècle suivant, ils firent de leurs conquêtes un grand empire, qui, outre la Bosnie et l'Herzégovine, comprenait l'Albanie, la plus grande partie de la Macédoine et de la Bulgarie. Fier d'étendre aussi loin sa domination, le roi serbe Douchan se fit couronner empereur en 1340. Mais la roche tarpéienne est près du Capitole. Quelques années plus tard avait lieu une rencontre avec les Turcs : le 15 juin 1389, l'armée de l'empereur serbe Lazare était complètement battue sur le plateau de Prichtina, dans un endroit appelé champ des Merles (Kossovo Polie).

Les princes serbes subsistèrent encore, mais comme vassaux de la Turquie. Les Turcs importèrent en Serbie comme partout ailleurs leur système de suzeraineté. La propriété foncière revenait aux guerriers turcs, et les Serbes continuaient à cultiver leurs anciens domaines comme colons et véritables serfs des propriétaires turcs. Le lourd esclavage du peuple serbe se trouva quelque peu adouci, quoique d'une façon factice, par cette circonstance que les Turcs, en Serbie comme en tout autre pays conquis, se retiraient dans les villes. Le Serbe vivait loin du Turc, élevait ses troupeaux, cultivait ses champs et payait à son propriétaire un lourd tribut. Il n'en restait pas moins exposé à l'arbitraire de son maître, des dignitaires turcs, des pachas et des cadis et il devait chaque jour s'attendre à être pillé.

Un fait est à remarquer, c'est que le clergé chrétien ne tarda pas à être au mieux avec les Turcs, et leur prêta son appui pour exploiter le peuple.

Cette circonstance que les Turcs habitaient tous les villes a été tout à l'avantage de la civilisation; car les peuplades chrétiennes de la péninsule des Balkans purent ainsi garder intact leur caractère national et se considérer comme complètement séparées de leurs conquérants et oppresseurs. Depuis plus de cinq siècles, les Turcs n'ont fait sentir leur influence dans la péninsule des Balkans que par l'oppression et le pillage. Ils sont aujourd'hui, comme il y a cinq cents ans, une horde qui campe au milieu des vaincus, et n'a, ni ne veut avoir, rien de commun avec eux.

C'est sur ces entrefaites que le brigandage prit naissance en Serbie. Des opprimés poussés à bout par les Turcs, se réunissaient en bandes dans les montagnes, surtout sur le territoire de la principauté actuelle de Serbie. A côté de ces bandes de brigands serbes se formèrent des bandes turques, recrutées dans les janissaires et ces derniers déclarèrent la guerre, non seulement aux Serbes, mais à tous les vassaux du Sultan.

Tous les Serbes ne se sentaient pas capables de traîner indéfiniment cette misérable existence sur leur propre sol. Vers l'année 1688 des Serbes émigrèrent de Rascie, [1] de la contrée de Novi-Bazar et au sud du « vilayet » actuel de Prisrendi (vieille Serbie).

Sous la conduite de Georges Brankowitch, ils se rendirent en Hongrie. Leur exemple fut suivi en 1690 par d'autres de leurs compatriotes conduits par le patriarche Arsénius Tchernovitch.

Ces Serbes s'établirent sur les rives du Danube et de la Theiss, près des rivières de la Maroch et de la Temech, jusqu'aux montagnes de Transylvanie. L'empereur Léopold 1er leur octroya des privilèges spéciaux; les souverains de la famille de Habsbourg comptaient sur eux pour garder leurs frontières contre les Turcs, et de fait les Serbes jouèrent un rôle important dans l'organisation des Confins Militaires.

Dévoués à la maison impériale d'Autriche, ils

---

1. *Note du traducteur*. La Rascie est la partie occidentale de la Serbie située entre la Rasca et la Bosna. La ville principale de cette contrée est Novi-Bazar.

étaient en opposition continuelle avec les Magyars, et cette inimitié fut la cause de malheurs effroyables en 1848 et 1849. On peut maintenant évaluer à un million le nombre de ces Serbes établis en Hongrie ; ils se sont alliés beaucoup aux Valaques, aux Magyars et aux Allemands.

Revenons maintenant aux Serbes du sud de la Save et du Danube, restés sujets de la Sublime Porte.

Les janissaires, qui étaient à l'origine une milice dévouée aux sultans, ne tardèrent pas avec le temps à s'affranchir de toute obéissance à leurs souverains et aux magistrats institués par ces derniers. Ils finirent par jouer le même rôle que les prétoriens à l'époque des Césars. Au commencement du xix⁰ siècle ils s'étaient complètement substitués en Serbie aux suzerains et aux magistrats turcs, et ils pressuraient le peuple serbe encore plus que ceux-ci. Les plaintes s'élevèrent de Serbie et parvinrent jusqu'à Constantinople, la Porte sentant que les janissaires tendaient chaque jour à devenir de plus en plus indépendants, les menaça d'envoyer contre eux une armée chrétienne.

Pour prévenir l'effet de ces menaces, les janissaires, en février 1804, mirent la Serbie à feu et à sang, et, comme pas un Serbe n'était en sûreté, toute la population se réfugia dans les montagnes pour se joindre aux bandits, aux Heiduques. Ces derniers se sentant plus forts commencèrent alors une guerre d'indépendance. Les janissaires furent vaincus et en 1807, la Serbie entière était libre, toutes les forteresses étaient au pouvoir des Serbes.

Ils n'essayèrent pas de s'affranchir de leur dépendance de la Porte. La Turquie envoya pourtant une armée contre eux. Les Serbes, soutenus par la Russie, furent heureux dans leur lutte contre les Turcs; ils les chassèrent de leur pays et passèrent même la frontière.

En 1811, la Porte fit aux Serbes les offres les plus séduisantes. La Serbie aurait son prince, dont les relations avec la Porte seraient les mêmes que celles des hospodars de Moldavie et de Valachie. Le premier prince fut Georges Petrovitch, appelé par les Turcs Karagiorgie, c'est-à-dire Georges le Noir. C'était un heiduque, c'est-à-dire un brigand patriote, et de plus un gardeur de pourceaux comme le berger Eumée. La Russie était alors en guerre avec la Porte. Georges le Noir envoya les propositions turques au quartier général russe, et finit par déclarer qu'il se soumettait d'avance à tout ce qui serait décidé de concert par les cabinets de Constantinople et de Pétersbourg.

En 1812, la Russie et la Turquie signèrent la paix à Bukharest; les Serbes furent abandonnés à leur sort. Quand Napoléon fit la campagne de Russie, les Turcs changèrent de ton avec les Serbes, et quand, en 1813, les puissances européennes se trouvèrent assez occupées au centre du continent, les Turcs entreprirent de reconquérir par les armes tout le territoire serbe.

Cette fois les Serbes se défendirent mal; Georges le Noir était en Russie; les autres chefs manquaient d'union.

Les Turcs n'eurent pas de peine à redevenir maîtres du pays et les chefs de l'insurrection, qui avaient lutté contre l'invasion, prirent la fuite. Un seul resta, c'était Miloch Obrenovitch, également heiduque et gardeur de pourceaux. Le bruit courait qu'il avait rendu quelques services aux Turcs, et que ceux-ci le protégeaient. Les Turcs opérèrent avec leur brutalité habituelle : de nouveau maîtres du pays, n'ayant à redouter aucune opposition, ils massacrèrent les femmes, les vieillards et les enfants. Miloch Obrenovitch apprit que sa tête n'était pas en sûreté sur ses épaules, s'il était pris par les Turcs. Il leva l'étendard de la révolte au printemps de 1815 et les Turcs furent battus sur toute la ligne : la Serbie entière était délivrée. Karagiorgie, revenu à ce moment, fut mis à mort sur l'ordre de Miloch; il laissait un fils du nom d'Alexandre, alors âgé de neuf ans.

Telle est l'origine des deux familles princières Karageorgievitch et Obrenovitch qui, jusqu'à nos jours, ont joué un rôle dans l'histoire de Serbie.

Les Turcs traitèrent avec Miloch qui, le 6 novembre 1847, fut acclamé à Belgrade prince héréditaire de Serbie et reconnu par la Porte. A la suite de la paix d'Andrinople, les rapports de la Serbie avec la Porte furent réglés par un hattichériff du 3 août 1830.

D'après ce traité, les Obrenovitch devaient, comme

princes héréditaires sous la dépen lance de la Porte, gouverner la Serbie avec la coopération d'une assem blée nationale. La Serbie s'administrait elle-même et des fonctionnaires turcs devaient continuer à résider seulement dans les places fortes qui, de temps immémorial, avaient été occupées par les Turcs. A l'exception de la garnison de ces places fortes, aucun musulman ne devait rester en Serbie, où du reste, une armée nationale pouvait être créée. A tout changement de règne le nouveau prince devait, sur sa bourse, payer à la Turquie 100,000 piastres, c'est-à-dire environ 24,000 francs, somme bien modeste en vérité.

Lorsqu'en 1839, le vieux Miloch fut chassé par une révolution, son successeur, acclamé par les Serbes, fut son plus jeune fils Michel ; l'ainé, Milan était mort trois semaines seulement après l'expulsion du père. Michel fut également chassé en 1842, par une insurrection qui voulait rappeler le parti constitutionnel, parce que le prince avait mécontenté le peuple par diverses mesures financières. Michel se retira d'abord à Semlin, puis, sur la réclamation du gouvernement serbe, à Vienne, auprès de son vieux père Miloch. Alexandre, fils de Karageorgie (Karagiorgievitch) fut nommé prince régnant à sa place par l'assemblée nationale. Alexandre avait depuis quelque temps reçu d'Obrenovitch l'autorisation de rentrer ; il avait même été de sa part, l'objet d'un accueil extrêmement amical. Bien qu'au début la Russie protestât contre l'élection d'Alexandre, celui-ci fut nommé définitivement prince en 1843. Il prit à tâche de tout faire progresser en Serbie, de compléter et d'améliorer le réseau des voies de communication, d'organiser l'instruction publique sans grever les finances du pays. Il se mit en bons termes avec la Porte, et en 1853, au début de la guerre d'Orient, la Russie ne put le faire sortir de sa neutralité.

A la paix de Paris de 1856, la position de la Serbie était fixée de nouveau par les articles 28 et 29 dont voici la teneur :

Article 28. — « La Serbie continuera à relever de la Sublime Porte, conformément aux conventions antérieures qui fixent ses droits et ses immunités, lesquels seront placés désormais sous la garantie collective des puissances contractantes, qu'elle conservera son administration indépendante et nationale, ainsi que la pleine liberté de culte, de législation, de commerce et de navigation.

Article 29. — Le droit de garnison de la Sublime Porte est maintenu, tel qu'il était antérieurent établi, et il est prescrit qu'aucune intervention armée ne pourra avoir lieu en Serbie, sans un accord préalable entre les puissances garantes. »

Pendant toute la durée du règne d'Alexandre, les Obrenovitch, soutenus par la Russie, n'avaient cessé de conspirer contre lui.

En 1859, on découvrit une vaste conjuration. Alexandre voulut sévir contre les chefs du complot, mais il dut reconnaître que ses adversaires étaient

plus forts que lui. L'assemblée nationale demanda
son abdication, et, quand il prit la fuite, elle le déclara déchu et rappela le vieux Miloch au trône (22
septembre 1858). Miloch revint, mais il mourut le 26
septembre 1860 et ce fut son fils Michel qui, pour la
deuxième fois lui succéda. Celui-ci, pendant son
long exil, avait beaucoup réfléchi à la mission de la
Serbie : il croyait fermement que cette petite principauté était appelée à jouer, dans la lutte contre les
Turcs des chrétiens de la péninsule, le même
rôle que le Piémont à l'avant-garde de l'Italie
dans la lutte contre l'Autriche. De même que le
Piémont, la Serbie pouvait bien n'être pas heureuse
au début ; mais plus tard ses efforts, comme ceux du
Piémont, seraient sans nul doute couronnés de succès.

Le 15 juin 1862, une échauffourée eut lieu à Belgrade. Cette ville avait une garnison turque conformément aux stipulations renouvelées dans le traité
de 1856. Le 16 juin, les Turcs se retirèrent dans la
citadelle et de là bombardèrent la ville pendant
quatre heures. Ce fait causa une émotion telle que
le pacha turc qui commandait à Belgrade jugea
prudent de composer avec les habitants.

Le prince Michel appela sous les armes 100,000
Serbes, créa des régiments étrangers avec les Bos-
niaques, race alliée, les Herzégoviniens et les
Bulgares. Il se procura des armes, et mit le siège
devant les places fortes de Chabatz, Semendria et
Uchitza, occupées par les Turcs. Il déclara que la

Serbie pourrait sans intervention de la Porte, modifier sa constitution suivant les besoins de l'époque, il voulait de plus que toutes les places fortes occupées par les Turcs y compris la citadelle de Belgrade, lui fussent remises, ou tout au moins fussent démantelées. Enfin les mahométans devaient, ou quitter le sol de la Serbie ou, s'ils restaient, vivre sous la juridiction serbe.

A l'instigation de la Turquie, une conférence des puissances signataires du traité de Paris fut convoquée pour trancher le différend. La Serbie mit un peu de mollesse à soutenir ses prétentions surtout en ce qui concernait les places fortes. La Porte promit de démanteler Uchitza et Iokol, mais elle prétendait conserver Chabatz, Semendria, et Kladowa, comme faisant partie du système défensif de l'empire, ainsi que la citadelle de Belgrade. Ils demandèrent même à étendre la zone de cette dernière place parce que la ville est séparée de la citadelle. Il ne fut pas question dans cette circonstance de *Klein-Zwornik* sur la Drina. Klein-Zwornik est situé sur la rive droite de la Drina ; c'est la tête du pont serbe de la ville et de la citadelle de Zwornik (Asurnik), toutes deux situées sur la rive gauche de la Drina. Michel se contenta d'abord de ce qu'il avait obtenu mais, en 1866, il prétendit de nouveau faire retirer les garnisons turques des places serbes : il fit en même temps de grands armements. La Porte se déclara prête à évacuer les places serbes, mais elle y mettait les conditions suivantes : la Serbic licencierait sa milice nationale, le tribut annuel dû à la Porte serait augmenté, enfin, les puissances signataires du traité de Paris se porteraient garantes de l'attitude correcte de la Serbie vis-à-vis de la Porte.

Michel repoussa formellement ces conditions ; les puissances durent encore une fois intervenir et enfin la Turquie consentit, par des clauses où la reddition de places ne figurait pas mais était sous-entendue, à confier aux Serbes, c'est-à-dire à leur rendre, *toutes les places fortes à l'exception de Klein-Zwornik*. Le 10 juin 1868, le prince Michel qui, dans son deuxième règne, avait vaillamment sauvegardé les intérêts serbes, fut assassiné dans le jardin de son château de Belgrade par une bande de conjurés. On ne peut guère attribuer ce meurtre qu'à la Porte ou à la famille Karagiorgievitch et à ses partisans.

L'assemblée nationale désigna immédiatement comme successeur de Michel, le prince Milan. Né le 10 août 1854, Milan est un petit fils du prince Ephraïm, frère cadet du vieux Miloch Obrenovitch. Le père de Milan fils unique d'Ephraïm, mourut jeune, et Michel n'ayant pas d'enfant de son mariage, adopta le jeune orphelin, son cousin, et l'envoya en 1854 à Paris, pour lui faire donner une éducation européenne.

Le 23 juin 1868 le prince Milan, à peine âgé de quatorze ans, vint à Belgrade et fut solennellement sacré prince dans la cathédrale ; puis en même temps, à cause de sa minorité, il fut placé sous la direction

d'un conseil de régence, qui le guida tout à fait dans
la voie suivie par son père adoptif.

La superficie de la Serbie est de 794 milles carrés ; la population est aujourd'hui d'environ
4,320,000 habitants, 1,100,000 sont Serbes, 130,000
sont Roumains (Valaques) ; puis comme partout, on
trouve quelques Tziganes, Juifs, etc...... Pendant ces
quelques années la civilisation a fait de grands progrès dans ce petit pays. Les voies de communication
ont été multipliées, l'instruction a été vulgarisée,
sans que pour cela la simplicité des mœurs ait été
le moins du monde atteinte.

La Serbie n'avait pas de dettes au moins jusqu'en
1876. Elle possédait même un trésor qu'on évalue à
45 millions de francs, Les impôts, prélevés d'après
un système très simple, rentraient sans difficulté.
Les habitants s'adonnent à la culture et à l'élevage,
surtout à l'élevage des porcs. En 4868, la Serbie à
elle seule en exporta 427 708.

VIII

Quelque insignifiante que puisse paraître la petite principauté de Serbie, on ne peut cependant passer sous silence sa prétention de devenir en quelque sorte le Piémont de la presqu'île des Balkans. Des races serbes de langue et d'origine habitent en grand nombre la partie occidentale de la Turquie d'Europe. A l'est, elles vont jusqu'à la Nichawa et jusqu'au Karassu (Struma), le Strymon des anciens, qui se jette dans le golfe d'Orphani, au sud jusqu'à la frontière nord des contrées de race et de langue grecque. — Ces races peuplent la Bosnie, l'Herzégovine et l'ancienne Macédoine. Les Monténégrins, comme les Dalmates, bien que ne dépendant pas de la Turquie, sont pourtant de race serbe.

Le peuple des Arnautes, dont nous parlerons d'une

façon toute particulière, s'étend à l'est sur la côte de l'Adriatique jusqu'à Scutari, au sud jusqu'à Janina, limite de la langue grecque; il est séparé des Serbes à l'est par le système des collines qui longent la rive droite du Drin. De plus, entre la frontière sud de la Valachie, le Danube et la frontière nord de la langue grecque en Roumélie, nous trouvons un peuple slave allié aux Serbes, les Bulgares; ils habitent le pays situé à l'est de la Nissava et du Karassu, dans la région orientale de la Turquie d'Europe.

Les Bulgares s'étendent au nord et au sud des Balkans dans la Bulgarie proprement dite, dans la province turque du Danube, et dans le nord de la Roumélie. On les croit issus de la race illyrienne ou thrace; dans tous les cas, ils sont au fond slaves de nationalité et de langue, par suite alliés aux Russes et aux Serbes. Le nom de Bulgares qui est resté aux habitants de ces contrées vient d'une peuplade de l'Oural qui, vers la fin du VIIe siècle, émigra du Volga, franchit le Danube au sud, et soumit les habitants slaves du pays. Le peuple conquérant ne tarda pas à se fondre avec les Slaves. La Bulgarie resta donc slave et, au IXe siècle, Cyrille traduisit la Bible en idiome slavo-bulgare.

Cette ancienne langue slavonne est encore de nos jours la seule employée dans les cérémonies religieuses du culte catholique grec, comme le latin dans l'église catholique romaine. Après les Bulgares, un grand nombre de peuplades d'autre origine envahirent la Bulgarie et la Roumélie et mêlèrent leurs idiomes à la langue slave. Cela n'empêcha pas les Bulgares d'être, par la langue et les liens du sang, de cœur avec les Serbes, leurs frères slaves.

IX.

ALBANAIS

Les Albanais ou Arnautes, dont nous avons déjà donné à peu près les frontières, sont encore une énigme ethnologique et philologique, comme les Basques. Les linguistes tombent cependant d'accord sur un point, c'est que le fond de la langue albanaise n'est autre que le vieil illyrien ou thrace, mêlé, à des degrés différents, suivant les contrées, de racines slaves, grecques, allemandes, turques, latines, celtes et finnoises.

On trouve en Albanie non seulement les éléments de toutes sortes de langues, mais encore toutes les confessions possibles. Pour avoir le droit de piller, un grand nombre d'Albanais embrassèrent la religion musulmane, et ce furent les mêmes qui, à d'autres époques, se montrèrent les adversaires les plus acharnés et les plus résolus des Turcs, leurs maîtres et leurs coreligionnaires. C'est au point que la Porte eut recours contre eux à l'honnête subterfuge que voici : elle convia pour une fête à Monastir (Bitolia) 500 chefs albanais appartenant à la religion musulmane et les fit mettre à mort.

Les Albanais se donnent le nom de *Skipetars*, c'est-à-dire habitants des montagnes, ils sont nommés par les Turcs Arnautes, corruption du mot arbanite ou albanite.

Les races albanaises du sud, dans l'Epire des anciens, sont soumises à l'influence grecque. Aujourd'hui surtout que l'Angleterre a cédé les îles Ioniennes à ce petit royaume, de fréquentes relations de commerce ont lieu entre Corfou et la côte du continent qui lui fait face.

Les races albanaises du nord, dans l'Illyrie des anciens, obéissent aujourd'hui à l'influence du Monténégro, c'est-à-dire de la Russie.

Les races albanaises du sud sont les *Chamides* et les *Liapis*. Les premiers, habitant la région montagneuse de la côte, quoique musulmans extérieurement, tendent chaque jour davantage à se mettre en bons termes avec les Grecs. Les autres, retirés dans les montagnes, sont des brigands à moitié sauvages, et le resteront longtemps encore.

Au nord des Chamides, habitent les Tosques sur le Semeni et la Pojutza. Tous les Albanais du sud parlent le dialecte tosque. Une branche des Tosques, désignée tout particulièrement sous le nom d'Arnautes, réside dans les montagnes entre Kalkandelen et Prichtina. Les Tosques sont les uns musulmans, les autres catholiques romains. Les Tosques Chïtes sont, comme on le comprend, la terreur des Turcs sunnitiques, bien plus encore que les chrétiens.

Les races albanaises voisines de la côte, entre elle et les Arnautes, habitant au nord des Tosques jusqu'aux frontières du Monténégro, sont appelés *Ghèges*.

Une partie des Ghèges, les *Mirdites*, habitent le pays situé entre les rivières du Skumbi et de le Matja. Plus loin, au nord, sur le littoral on trouve les *Dukatchins* et les *Ghèges proprement dits*, puis dans les montagnes, les *Maliforis* dont les *Clementis* sont la branche la plus puissante. Les Mirdites et surtout les Ghèges des montagnes appartiennent à l'église catholique romaine, tandis que les Ghèges de la côte, depuis Antivari jusqu'au sud de la contrée de Durazzo, sont musulmans.

X

SITUATION CRÉÉE PAR LA PAIX DE PARIS

Nous avons rapidement examiné les relations des différentes races qui peuplent le sol de la Turquie d'Europe, jetons maintenant un coup d'œil sur la situation de la Turquie dans la mer Noire et dans les détroits qui l'unissent à la mer Égée.

La paix de Paris de 1856 arrêtait à ce sujet, dans le document principal et dans ses annexes, les dispositions suivantes :

En temps de paix la Sublime Porte interdira à tout navire de guerre étranger l'entrée du Bosphore et des Dardanelles, à l'exception toutefois des bâtiments de guerre de faible tonnage faisant le service des ambassades des puissances alliées. La circulation de ces derniers sera autorisée par un firman. Seront encore exceptés deux navires de guerre de faible tonnage qui, d'après l'article 19 du traité de paix, auront le droit de stationner à l'embouchure du Danube pour assurer l'exécution des règlements relatifs à la liberté de navigation sur le fleuve. La mer Noire est neutre. Ses eaux et ses ports sont ouverts à la marine marchande de toutes les nations, mais sont fermés aux navires de guerre aussi bien de la Turquie et de la Russie que des autres puissances, à l'exception bien entendu des navires de guerre dont il est parlé plus haut.

D'après une entente spéciale entre la Russie et la Sublime Porte, chacune de ces deux puissances entretiendra dans la mer Noire dix bâtiments de guerre : 6 navires à vapeur de 50 mètres de long et de 800 tonnes et quatre petits navires à vapeur ou à voiles jaugeant au plus 200 tonnes.

La Russie et la Turquie s'engagent, en raison de la neutralité de la mer Noire, à ne plus construire ni entretenir sur les côtes des arsenaux pour la marine de guerre.

En octobre de l'année 1870, au moment où la France était presque désarmée, le cabinet de Pétersbourg déclara aux puissances signataires de la paix de Paris qu'il ne se considérait plus comme engagé par les stipulations concernant la mer Noire. Il donnait pour raison la violation du traité sur un point, la réunion en une seule des principautés du Danube. Il prétextait encore que la fermeture des détroits était bonne tout au plus en temps de paix puisque, d'après le traité, la Turquie pouvait en temps de guerre lancer sur la mer Noire contre la

Russie, désarmée par le même traité, sa flotte concentrée dans la mer Egée ainsi que les flottes alliées. Dans cette occasion, le cabinet russe fit ressortir surtout quelle révolution s'était opérée dans la marine depuis 1856 par suite de l'introduction des navires cuirassés.

La Russie avait complètement raison, même indépendamment de la question des vaisseaux cuirassés, car des vaisseaux cuirassés de 800 tonnes seraient difficiles à trouver. Le traité de 1856 avait pour but de désarmer la Russie sur la mer Noire, il était également défavorable à la Turquie. A cette époque la Russie ne l'avait subi que parce qu'elle croyait ne pouvoir faire autrement, mais elle était fermement décidée à se débarrasser de ses engagements au premier moment favorable. Le moment était venu et la Russie en profita. Jusque-là elle s'était contentée de veiller à la stricte exécution des clauses du traité ; elle n'avait guère réussi en ce qui concerne la Roumanie, mais au fond elle n'en était pas fâchée. Du reste, elle n'avait d'autre préoccupation que de se fortifier à l'intérieur et toute son attention se portait sur sa frontière asiatique où elle était constamment en guerre.

En Asie, la Russie avait étendu ses possessions des côtes de l'Océan Pacifique et avait annexé au sud des régions plus habitables. Dans le Turkestan elle se rapprochait chaque jour de la frontière des Indes anglaises. Toute résistance avait complètement cessé dans le Caucase à la fin de 1863. Les

Tcherkesses, ne voulant pas subir le joug de la Russie émigrèrent en Turquie. Ils se fixèrent en grand nombre dans la Turquie d'Asie ; d'autres vinrent en Europe, où la Sublime Porte les établit en Bulgarie sur les rives du Danube. Ils ne firent que trop bien voir à l'occasion des massacres de Bulgarie qu'ils avaient conservé leurs instincts de brigandage.

L'opinion publique en Angleterre commençait à s'inquiéter des progrès des Russes qui, dans le Turkestan, se rapprochaient de la frontière des Indes, A chaque nouveau succès des Russes dans ces contrées répondait et répond encore un cri d'indignation en Angleterre. Le gouvernement calme aussitôt ce mouvement, sachant bien que, dans les circonstances actuelles, il n'y a rien à faire contre la Russie. Rien n'est plus facile du reste que d'apaiser l'opinion publique en Angleterre. Il est si agréable de s'enrichir en paix, aussi longtemps qu'on peut le faire. Il n'est pas vraisemblable d'ailleurs que la Russie, une fois le Turkestan annexé, vise la conquête des Indes Anglaises.

Le but immédiat de la Russie, but qu'elle a atteint, était d'avoir sous sa dépendance les grands marchés de l'Asie centrale. Ce qu'elle veut, c'est la création d'un *Zollverein* asiatique dont elle serait le principal état. La constante préoccupation de la Russie est de se mettre en mesure de tenir tête à l'Angleterre, dans le cas où cette dernière puissance viendrait entraver l'exécution des projets russes.

dans la Turquie d'Europe ou la Turquie d'Asie. La communication faite par la Russie en octobre 187 causa une violente indignation à Londres et à Vienne, La Prusse proposa la convocation d'une conférence à Londres pour discuter la question en litige. Cette proposition fut acceptée par tout le monde. La Turquie conserva dans cette occasion une attitude singulièrement passive. Le 13 mars la situation dans la mer Noire était de nouveau fixée par le traité de Londres.

Ce traité donnait à la Russie le droit d'entretenir dans la mer Noire une flotte aussi nombreuse qu'elle le voudrait, et de rétablir des chantiers et des arsenaux sur les côtes comme avant 1856. En revanche la Porte avait le droit, même en temps de paix, de permettre le passage des détroits, et de donner accès dans la mer Noire aux flottes des puissances alliées, dans le cas où l'exécution des articles du traité de Paris du 30 mars 1856 rendrait cette mesure nécessaire. Il est bien entendu qu'on ne parle ici que des stipulations du traité de 1856 qui subsistent encore après tous les nouveaux changements. — Quel est le vrai sens de cette nouvelle clause ? Que signifie cette permission donnée à la Turquie ? C'est ce qu'on ne comprend guère. Les négociateurs réunis à Londres n'ont-ils dans cette question examiné qu'un *cas unique rendant opportune* l'exécution de cette clause. Nous ne le pensons pas.

La Russie a maintenant le droit d'entretenir sur la mer Noire une flotte aussi nombreuse qu'elle le veut. Mais si, par exemple, elle achète des cuirassés en Amérique, en Angleterre ou en France, a-t-elle le droit de leur faire franchir les détroits et de les faire pénétrer dans la mer Noire sans autorisation de la Sublime Porte?

XI

POSSESSIONS DE LA TURQUIE EN ASIE ET EN
AFRIQUE

La domination plus ou moins contestée de la Porte s'étend en Asie et en Afrique : en Asie, sur l'Asie-Mineure, une partie de l'Arménie, le Kurdistan, la Syrie et une partie de l'Arabie, au nord de cette dernière contrée sur les rives du golfe Persique et sur la côte orientale de la mer Rouge, en Afrique sur l'Egypte et la Nubie, avec des frontières méridionales très incertaines, enfin sur les régences de Tunis et de Tripoli.

Si, en Turquie d'Europe où la situation des chrétiens devait être améliorée pourtant par la traité de Paris, l'oppression et la haine religieuse des conquérants musulmans ont causé tan de troubles et de désordres, tant de révoltes surtout dans la Bosnie et dans l'Herzégovine, dans la Bulgarie et dans l'île de Crète, il faut s'attendre à en voir au moins autant dans la partie asiatique de l'empire ottoman.

En juin 1858, tous les chrétiens, y compris les consuls anglais et français, furent mis à mort par les musulmans à Djedda, port de la mer Rouge. La Porte ne prit naturellement aucune mesure jusqu'à l'arrivée dans la rade de Djedda d'un cuirassé anglais qui bombarda la ville. Elle donna alors la satisfaction d'usage en faisant pendre les notabilités musulmanes qui avaient présidé au massacre.

En Syrie, les musulmans organisèrent de grands massacres à Damas (1860); et dans le Liban, les Druses tombèrent sur les Maronites, mettant tout à feu et à sang.

Les autorités turques regardèrent comme toujours avec complaisance toutes ces horreurs. Il fallut pour obtenir une réparation, que Napoléon III envoyât en Syrie un corps de débarquement qui y séjourna jusqu'à l'été de 1861.

XII

EGYPTE. -- LE CANAL DE SUEZ

L'Egypte, y compris la Nubie, a une superficie d'environ 34000 milles carrés, dont 10171 dans l'Egypte proprement dite ont une population de 5 millions d'habitants. La population de la Nubie est évaluée en outre à 2,500,000 âmes.

L'histoire contemporaine de l'Egypte commence à Mehemet-Ali. Il reçut l'investiture du sultan comme gouverneur du pays, qu'il débarrassa de l'influence des Mamelucks au bénéfice du gouvernement turc. En 1811, il fit aux beys, chefs des Mamelucks, une invitation des plus amicales à un dîner, où il les fit cerner et mettre à mort. Pendant la guerre de l'indépendance de la Grèce, il s'acquit de nouveaux mérites auprès de la Porte en envoyant à son secours une armée d'élite, commandée par son fils Ibrahim, excellent général.

Après la guerre de Grèce, Mehemet-Ali se retourna contre la Porte. Il avait conçu le projet non seulement d'affranchir l'Egypte de toute dépendance de la Porte, mais encore d'en augmenter le territoire par la conquête de la Syrie.

En 1831, il commença la guerre, soi-disant contre le pacha d'Acre et dans l'intérêt de la Porte, mais cette dernière n'en fut pas dupe. Mehemet-Ali ayant refusé d'obéir à l'ordre du sultan qui lui enjoignait de faire la paix avec le pacha d'Acre, il fut mis avec son fils au ban de l'empire. En même temps une armée turque était envoyée contre lui et la Porte déclarait la guerre à ses vassaux d'Egypte. Les Egyptiens furent vainqueurs sur toute la ligne. La Russie envoya à la Porte une armée auxiliaire. Mais le sultan se méfiait tellement de ce concours, qu'il préféra faire la paix avec Mehemet-Ali. Celui-ci conserva sa place de gouverneur d'Egypte et d'Abyssinie, ainsi que de Candie, qu'on lui avait cédé pour récompenser ses services dans la guerre de Grèce. On lui donna en même temps le gouvernement de Damas, Tripoli, Saïda, Acre, Jérusalem et *Nablus*. La paix de mai 1833 n'eut cependant pas une longue durée. De nouveaux conflits s'élevèrent entre l'Egypte et la Porte et la guerre éclata de nouveau en 1839.

Les Turcs furent encore battus ; la flotte turque passa du côté des Egyptiens.

Mehemet-Ali, soutenu par la France, demandait maintenant pour lui le trône héréditaire d'Egypte et de Syrie. L'Angleterre suscita la quadruple alliance, dans laquelle entrèrent l'Autriche, la Prusse et la Russie, dans le but de maintenir l'intégrité de l'empire ottoman. Mehemet-Ali, à l'arrivée d'une flotte anglo-autrichienne, fut forcé de renoncer à ses prétentions sur la Syrie par le traité du 27 novembre 1840. On l'obligea en outre à livrer la flotte turque qui était passée de son côté, et à se contenter du trône héréditaire d'Egypte.

L'Egypte se préoccupait peu de l'opposition de la Porte, mais ne pouvait agir de même avec les quatre cinquièmes des grandes puissances européennes. Elle ne renonça cependant pas à ses espérances, comptant pour leur réalisation sur d'autres circonstances politiques en Europe.

Mehemet-Ali devint fou en 1848; son fils Ibrahim mourut la même année et ce fut Abbas Pacha, petit-fils de Mehemet, qui monta sur le trône. On ne peut rien dire de ce dernier, si ce n'est qu'il laissa de côté toutes les excellentes réformes entreprises par Mehemet, qu'il repoussa la civilisation européenne et chercha à rétablir comme seule loi le régime du Coran et ses abus. Il mourut en 1854 et eut pour successeur Saïd Pacha, fils de Mehemet-Ali. A la mort de ce dernier en 1863, Ismaïl Pacha, second fils d'Ibrahim, monta sur le trône.

Ces deux derniers princes, élevés à l'européenne, sont à signaler comme réformateurs. Saïd consacra tous ses efforts à améliorer et organiser à l'européenne l'administration civile et le commerce. Ismaïl

songeait en même temps à perfectionner l'organisation militaire, ce qu'on ne pouvait faire sans de
grandes dépenses. Il existe une très grande différence
entre l'Egypte et la Turquie. L'Egypte est aujour-
d'hui, comme dans l'antiquité, un pays civilisé, ac-
cessible au progrès qui vient d'Europe, tandis que
la Turquie ne reconnaît d'autre loi que la barbarie,
dans tous les pays où s'étend sa domination.

En juin 1873, Ismaïl Pacha acheta sa complète
indépendance de la Porte, au prix des plus grands
sacrifices pécuniaires.

D'après le firman qui arrête et règle pour l'avenir
la situation réciproque de l'Egypte et de la Porte,
Ismaïl gouverne l'Egypte et la Nubie avec le titre de
vice-roi ou khédive. Sa dignité est héréditaire par
descendance mâle, suivant la coutume européenne
et non comme en Turquie. Le khédive a le droit indépendamment des traités de la Porte, de traiter lui-
même directement avec les autres puissances. Il peut
encore, sans consulter la Porte, augmenter ou dimi-
nuer l'effectif de l'armée égyptienne suivant les besoins du pays, qu'il est du reste en droit de protéger
et de défendre par tous les moyens en son pouvoir. Il est relevable à la Porte d'un tribut annuel
de 150,000 bourses [1].

C'est sous le règne des deux grands réformateurs
Saïd et Ismaïl que fut exécuté l'un des travaux les
plus grandioses de l'ère moderne, le canal de Suez.

1. La bourse est de 500 piastres, 112 50. — 150,000 bourses
représentent donc une somme de 16, 875,000 francs

En 1854, un Français intelligent et entreprenant, Ferdinand de Lesseps, conçut le projet de percer l'isthme de Suez, pour unir la Méditerranée et la mer Rouge, et mettre ainsi l'Europe en communication directe avec les contrées les plus civilisées de l'Asie, surtout les Indes. Saïd Pacha fit à ce projet l'accueil le plus enthousiaste. De Lesseps reçut tous les pouvoirs nécessaires pour fonder une société générale de percement de l'isthme de Suez, et pour exploiter le canal qui relierait les deux mers.

M. de Lesseps commença par faire une étude approfondie de la question et en 1858, il fit un appel de fonds en Europe. La France surtout mit à répondre à cet appel un empressement inespéré et, le 24 avril 1859, le premier coup de pioche put être donné. De même qu'à l'époque des Pharaons les fellahs juifs et coptes étaient réquisitionnés pour bâtir d'inutiles pyramides, de même sous le règne réformateur des khédives modernes les fellahs apportent leur concours et mettent la main au travail le plus gigantesque de notre époque, travail destiné à favoriser le commerce de l'univers. Mais cette fois les fellahs ont à leur service la vapeur; de plus, ils sont dirigés par des ingénieurs européens qui connaissent l'art de construire avec tous les progrès réalisés depuis les Pharaons jusqu'à nos jours.

Le 17 novembre 1869, cette nouvelle route fut ouverte au commerce. Toutes les nations européennes se firent représenter à cette solennité. En France, Napoléon III, ne pouvant venir, délégua l'impératrice Eugénie accompagnée d'un brillant cortège de généraux et de dignitaires. Le prince royal vint au nom de la Prusse, l'empereur François Joseph en personne représenta l'Autriche.

Le canal de Suez a une longueur de 160 kilomètres; sa largeur est de 100 mètres aux points où le terrain était facile à percer; elle est de 58 mètres seulement aux points où les mouvements de terrain nécessitaient des travaux d'art difficiles. La profondeur est de 8 mètres, ce qui est suffisant pour les plus gros navires de commerce.

A l'époque de l'ouverture du canal, toutes ces dimensions n'existaient pas partout, et l'on comprendra facilement qu'un travail incessant est nécessaire pour curer le canal et en conserver les dimensions.

Dans tous les cas, le canal est créé, et son auteur, M. de Lesseps mérite d'autant plus l'admiration du monde, qu'il a mené son œuvre à bonne fin dans un temps relativement très court et malgré des difficultés qui auraient découragé mille fois les plus entreprenants. Espérons que le monde civilisé ne négligera pas l'entretien du canal, bien que les actionnaires enthousiastes n'en aient pas retiré au début tout le bénéfice qu'ils en espéraient d'abord. Cette entreprise eut beaucoup d'influence sur le développement de l'Egypte; un va-et-vient s'établit dans le pays, dont les relations avec l'Europe devinrent plus étroites que jamais. Des lignes télégraphiques et des voies ferrées mirent en relations les contrées les plus riches.

4.

L'Angleterre se montra d'abord hostile à l'entreprise. On répétait à Londres que le canal de Suez était impossible à exécuter, que c'était une utopie. Plus tard, en voyant les travaux s'avancer, les Anglais vinrent à Constantinople, essayer de démontrer aux Turcs que l'exécution du canal portait le coup le plus funeste à leurs relations commerciales. Malgré tout, l'entreprise fut menée à bonne fin. Bien que l'Egypte soit très supérieure à la Turquie au point de vue financier, parce qu'en Egypte les Musulmans conquérants sont Arabes et non Turcs, on ne peut pas dire cependant que la situation financière de l'Egypte soit parfaite; elle laisse même beaucoup à désirer. Les emprunts contractés en Europe et les dettes s'accumulaient; le budget était organisé d'une manière très défectueuse, le train de la cour avait un luxe tout oriental, moins scandaleux pourtant qu'à Constantinople. Enfin les Khédives devaient constamment puiser dans le trésor pour acheter quelque nouvel avantage au sultan. L'argent ainsi dépensé était perdu pour l'Egypte, et servait à Constantinople à d'inutiles prodigalités pour le harem. Tout ceci aurait été évité si la diplomatie européenne eût soutenu l'Egypte comme elle le méritait, si, grâce à cet appui, l'Egypte se fût affranchie de toute dépendance de la Porte. Mais les diplomates européens n'en firent rien, parce qu'ils partaient de ce principe que l'équilibre européen est inséparablement lié à l'intégrité de la Turquie. L'Egypte avait pris à sa charge un tiers des frais du canal de Suez et reçu des actions en échange. En 1875, l'Egypte se trouva dans une situation critique; les emprunts devenaient difficiles à réaliser en Europe, enfin le besoin d'une meilleure gestion des finances commençait à se faire sentir. Pour remettre un peu d'ordre, il fallait de l'or. Des pourparlers eurent lieu à cet effet en France et en Angleterre. Le gouvernement anglais profita de l'occasion pour acheter au khédive ses actions de Suez pour 100 millions de francs, et acquérir par là une réelle influence non seulement sur l'exploitation du canal mais encore sur son administration.

Une fois le canal construit, l'Angleterre n'a eu d'autre but que d'accaparer le plus possible cette route des Indes. Elle y tient d'autant plus qu'elle craint de se voir quelque jour attaquée aux Indes par la Russie, le Turkestan et l'Afghanistan. La séparation des Etats-Unis d'Amérique a été plutôt avantageuse que préjudiciable à l'Angleterre. Le résultat serait peut-être le même si les Indes se séparaient définitivement de la métropole. Mais les Anglais aujourd'hui ne veulent pas en convenir, et s'entêtent à conserver les Indes à titre de colonie. C'est au moins ce qui ressort des efforts faits tout récemment encore par le cabinet tory, dans le but de faire prendre à la reine Victoria le titre d'Impératrice des Indes.

Tel est le concours de circonstances qui pousse le gouvernement anglais à ériger en dogme l'intégrité de la Turquie. Pris isolément, les membres du cabinet trouvent peut-être affreux pour les chrétiens civilisables de la péninsule des Balkans de se voir condamnés à tout jamais à être opprimés par les musulmans réfractaires à tout progrès ; mais en Angleterre, *la raison d'État* rend nécessaire le maintien de cette situation inique. Si un événement quelconque mettait fin à la domination turque dans la péninsule, le successeur de la Turquie serait naturellement la Russie qui exercerait son action d'une manière directe ou indirecte, peu importe. Grâce à son influence dans la péninsule, la Russie commencerait nécessairement par mettre la main sur le Bosphore et les Dardanelles [1]. Une fois maîtresse de cette position, la Russie créerait une solution de continuité dans la ligne qui relie l'Angleterre aux Indes. Elle pourrait à son gré envoyer des flottes de cuirassés de la mer Noire dans la Méditerranée, et rendre en temps de guerre la sortie du canal de Suez impossible, même aux bâtiments de commerce anglais. En même temps, sur le continent, elle attaquerait en passant par le Turkestan la région nord-ouest des Indes Anglaises.

Le seul allié sérieux de l'Angleterre est l'Autriche, qui n'a cependant pas les mêmes intérêts. Elle aussi tient beaucoup au maintien du statu quo dans la péninsule.

---

1. Une neutralisation de Constantinople et de la contrée attenante aux détroits aurait lieu pour la forme et durerait peu, elle ne serait ni effective ni définitive, et par suite ne modifierait en rien ce résultat.

L'Autriche redoute l'annexion de nouveaux Slaves, quels qu'ils soient, Serbes, Bosniaques, etc.... elle la redoute surtout depuis la convention de *Beust* ? Elle ne veut pas déplacer vers l'est son centre de gravité parce qu'elle s'y sent poussée en sous-main par l'Allemagne.

Mais si dans l'écroulement de l'empire ottoman l'Autriche ne veut rien gagner, c'est à la Russie que revient la domination future dans la péninsule Or l'Autriche n'a pas le moins du monde l'intention de *laisser usurper cette suprématie par la Russie*. Tels sont les motifs qui en font pour l'Angleterre l'alliée la plus sincère. C'est assez naturel.

Il est aisé de remarquer que l'Angleterre et l'Autriche ont une politique négative. Elles ont comme adversaire la Russie qui a une supériorité sur elles : c'est d'avoir un but tout indiqué. La Russie peut avec tranquillité se montrer conciliante et modérée, elle sait d'une façon très positive ce qu'elle veut, les autres ne le savent pas. Elles devraient pour gêner la Russie reconstituer le royaume de Pologne. Mais à elles deux, elles n'oseraient prendre cette résolution, c'est à peine si elles y pensent. La Russie, l'Angleterre et l'Autriche sont les trois puissances engagées en première ligne dans la question d'Orient. Les autres puissances ne se mettraient de la partie que dans le cas de complications sérieuses, et seulement pour appuyer l'un des trois intéressés.

La France s'occupe de se réorganiser à l'intérieur.

Le peuple français, absorbé par cette seule pensée, ne songe pas à troubler la paix, et à se mêler sans de pressants motifs aux conflits européens. Au dire de ses hommes d'État, la France est dans une situation d'expectative. Puisse-t-elle n'en jamais sortir et ne pas se laisser entraîner à la guerre dans un but d'intérêt personnel. Cependant la France est une grande puissance, et de plus une puissance méditerranéenne. Elle ne peut donc pas se désintéresser complètement de ce qui se passe en Europe et sur les côtes de la Méditerranée. Les affaires d'Égypte sont loin de lui être indifférentes; elle pourrait trouver mauvais que l'Angleterre accaparât complètement l'Égypte, et s'emparât seule du canal de Suez. Outre les intérêts commerciaux, la France y voit une question de sentiment : le canal de Suez est l'œuvre du génie *français*, de la persévérance *française*, et surtout il a été créé grâce à l'argent français. Les Français sont donc naturellement aussi peu disposés à travailler pour MM. les Anglais que pour le roi de Prusse. La France luttera pour empêcher l'installation absolue et exclusive des Anglais sur le canal de Suez et sur le littoral de la mer Rouge; il nous semble que pour y arriver, elle n'a pas besoin d'agir par les armes. Il lui suffit de propager son industrie et son commerce. *Cette puissance ne peut avoir aucun intérêt à soutenir la Turquie;* elle n'est pas intéressée comme l'Angleterre et l'Autriche au maintien de l'état de choses existant. Il faut plutôt admettre que la France a tout à gagner dans un démembrement de la Turquie. Ses regards se sont souvent portés vers la Syrie; la Syrie peut devenir colonie d'un état européen. En outre, depuis l'achèvement du canal de Suez, il est nécessaire, dans l'intérêt même de l'Europe, que l'Egypte soit indépendante. Il est à souhaiter que l'Egypte s'assimile le plus possible notre civilisation. Elle ne peut, en aucun cas, devenir la colonie d'une nation européenne; bien plus, elle est destinée à devenir, au démembrement de la Turquie, gardienne du canal; c'est sous sa garde désintéressée et impartiale, que seront placés les intérêts, à Suez, des états et peuples européens. Il serait de bonne politique pour l'Europe de donner en Syrie à la France, un poste d'observation qui fût une base pour une action efficace. La situation générale et l'expérience déjà faite font supposer une tendance à monopoliser le canal surtout de la part des Anglais. Le premier devoir des pharaons modernes, une fois indépendants, est de combattre cette tendance. La surveillance française, et même, dans certains cas, un secours effectif venant de Syrie, ne seraient pas de trop. Notre avis, il est aisé de le voir, est que la France est plutôt l'adversaire de l'Angleterre que son alliée dans la phase moderne de la question d'Orient.

Nous savons très bien qu'il existe en France un parti politique qui, encore aujourd'hui, ne poursuit d'autre but qu'une alliance avec l'Angleterre. Mais ce parti, recruté surtout dans la haute finance pour

rait bien voir échouer ses projets devant le bon sens
du peuple français.

L'*Italie*, jeune et grande nation, puissance méditerranéenne elle aussi, a également des raisons
pour souhaiter la paix, des raisons aussi pour ne
pas se désintéresser de ce qui se passe sur le littoral méditerranéen. On peut l'inscrire en deuxième
ligne sur la même page que la France. On ne com-
prendrait guère qu'elle suivit en Orient la politique
anglaise.

L'*Allemagne* n'est pas directement intéressée dans
la question d'Orient, qui ne la touche que d'une
manière très indirecte. Elle n'a aucun motif de s'attaquer à la Russie. Elle a au contraire bien des
raisons d'entretenir ses bonnes relations avec cette
puissance pour empêcher toute alliance entre elle et
la France, ou du moins toute alliance, dont elle
ne ferait pas partie. Elle doit ménager la Russie en
prévision des complications avec l'Autriche, ren-
dues possibles par les événements qui ont eu lieu
depuis 1848. Le nouvel empire allemand n'a aucun
motif d'être hostile à l'Autriche, ou d'essayer de
s'en rapprocher. Depuis la convention de Beust, il
n'a rien à craindre ou à espérer de cette puissance.
L'Autriche et l'Allemagne pourront désormais vivre
en bons voisins, mais sans chercher à se créer des
obligations réciproques.

Selon nous, dans la nouvelle phase de la question
d'Orient, l'Allemagne, la France et l'Italie n'ont pas
le moindre intérêt qui les pousse à prendre parti

contre la Russie; elles peuvent même sans désa-
vantage pour elles, marcher avec cette puissance.
Elles se tiendront sur la réserve tant que leur intervention ne sera pas nécessaire. Mais auparavant,
elles doivent se concerter et spécifier pour chaque
puissance les avantages à retirer dans le cas d'une
nouvelle ruine de l'empire bysantin.

DEUXIÈME PARTIE

I

L'ARMÉE TURQUE

Le sultan Mahmoud II prépara en 1826 l'organisation *d'une armée à l'européenne*, parce que cette même année il avait fait mettre à mort les janissaires qui formaient le noyau, l'élite des armées de la Porte. La réorganisation commença alors, mais ce ne fut qu'en 1843, sous Abdul-Medjid, qu'on y travailla sérieusement. Le système adopté par les Turcs n'est au fond qu'un système de *landwehr*.

Le service militaire était obligatoire pour les *musulmans seuls*, et encore pour ces derniers avec des exceptions qui subsistèrent longtemps et que la Porte, à partir de 1865, essaya sans grand succès de faire disparaître. Les musulmans du district de

Constantinople étaient exempts de la conscription en vertu de vieux privilèges ; ceux de l'île de Candie restaient chez eux pour maintenir dans l'esclavage la population grecque du pays, les habitants du vilayet de Scutari (Albanie) pour la défense de la frontière contre le Monténégro et la Bosnie. Les habitants de vastes circonscriptions du Taurus et de l'Arménie, du Kurdistan, et les tribus nomades de l'Irak et de la Syrie jouissaient encore du même privilège.

Enfin, dans les provinces soumises à la conscription, le rachat et le remplacement étaient autorisés ; de sorte qu'en définitive l'impôt du sang ne pesait que sur une population de 10 à 12 millions d'habitants tout au plus. Nous ne comprenons pas dans ces chiffres les états tributaires dont nous parlerons plus tard.

La réorganisation la plus récente, commencée en 1869 par Hussein Avni-Pacha, devait être complètement terminée en 1878.

D'après le nouveau système l'armée turque était composée :

1° D'une armée active (Nizam) de 210,000 hommes. 150,000 étaient constamment sous les drapeaux et 60,000 dans la réserve ou en congé (Ihtiat).

2° D'une *landwehr* (Rédif) de 192,000 hommes, dont une moitié constituait le premier ban, l'autre moitié l'arrière-ban.

3° D'une landsturm ou milice territoriale (Mustahfiz) de 300,000 hommes environ.

Il y avait donc en tout 702,000 hommes.

La durée du service était de vingt ans, qui se décomposaient, pour le fantassin, en quatre ans de Nizam (armée active), deux ans d'Ihtiat (réserve), six ans de Rédif (landwehr), huit ans de Mustahfiz (landsturm). Les cavaliers et artilleurs restaient cinq ans dans le Nizam et seulement une année dans l'Ihtiat.

Le contingent annuel pour le Nizam devait être de 37,500 hommes. C'est le Nizam, y compris l'Ihtiat, qui constitue l'armée proprement dite.

La landwehr (Rédif) se recrute dans 120 districts de bataillons de landwehr. Chaque district doit fournir un bataillon d'infanterie du premier ban, et un de l'arrière-ban, ce dernier recruté parmi les classes les plus âgées. Il y a donc en tout 240 bataillons de landwehr. Un conscrit peut se racheter à prix d'argent du service dans l'armée active, et entrer directement dans la landwehr où son éducation militaire est alors faite. Les Rédifs (hommes de la réserve) sont appelés sous les drapeaux quatre semaines par an ; on profite de cette occasion pour instruire les recrues qui ne sortent pas du Nizam.

Les choses sont loin de se passer aussi régulièrement qu'on le dit plus haut. Depuis longtemps la Porte ne dispose pour ses dépenses et pour le budget de la guerre par conséquent, que d'un revenu modique. Et encore ce revenu, nous l'avons fait remarquer déjà, passe presque en entier depuis quelque temps, à payer l'intérêt des emprunts, à entretenir le harem impérial, à enrichir quelques dignitaires influents. C'est donc avec complaisance que le ministre de la guerre voyait le contingent proprement dit du Nizam disparaître, et bon nombre de conscrits acheter leur entrée immédiate dans le Rédif.

Les « Mustahfiz » n'ont pas de cadres et ne sont soumis à aucun contrôle; on peut donc les comprendre parmi les troupes irrégulières (bachi-bouzouks), auxquelles il faut joindre un nombreux effectif de Tcherkesses, habitant la Turquie depuis 1863, et de Tartares qui ont émigré de la Crimée. Ajoutons encore les Bédouins du désert qui, le cas échéant, enverraient d'Asie en Europe leurs escadrons de spahis, à titre de coreligionnaires.

Il y a en Turquie, au moins sur le papier, des régions de corps d'armée, partagées en subdivisions, absolument comme dans tout état européen.

Jusqu'en 1874 il y avait *six régions de corps d'armée* et *six corps d'armée*. Cette même année on créa un septième corps (Arabie et Iemen).

Il est superflu de parler d'une septième région comme on le verra tout à l'heure.

Un corps d'armée du Nizam devrait régulièrement comprendre :

    6 régiments d'infanterie,
    6 bataillons de chasseurs,
    4 régiments de cavalerie,
    1 régiment d'artillerie,
    1 compagnie de sapeurs.

Il faut y joindre le contingent de premier ban du Rédif :

6 régiments d'infanterie,

3 régiments de cavalerie,

1 régiment d'artillerie. (La cavalerie et l'artillerie n'ont pas de cadres).

Enfin le Rédif de l'arrière-ban fournit :

6 régiments d'infanterie.

II

D'après le règlement, les régiments d'infanterie
du Nizam sont à 3 bataillons, les régiments du Rédif de premier ban à 4 bataillons ; ceux du Rédif
d'arrière-ban devraient avoir la même organisation,
mais jusqu'ici ils n'ont eu qu'un bataillon. Un bataillon se compose de 8 compagnies, il a un effectif
de 27 officiers, 774 combattants, 28 non combattants,
32 chevaux.

La couleur dominante de l'uniforme et du man-
teau, est le bleu. Le fez rouge sans visière sert de
coiffure. Les souliers sont en cuir fauve, Les sacs
légers, petits et pratiques, sont noirs. L'armement
est encore loin d'être uniforme : on a adopté le Mar-
tini Henry ; une commande importante de fusils de
ce modèle, un million, dit-on, serait faite en Angleterre et aux États-Unis. En attendant les Turcs sont

presque tous armés de fusils Minié, à culasse modifiée d'après le système Snider. Les Rédifs de l'arrière-ban sont armés d'Enfield et de Remington achetés en Amérique.

Un régiment de cavalerie a la composition suivante : six escadrons. — 38 officiers — 885 combattants — 45 non combattants et 898 chevaux. La tenue de la cavalerie est absolument la même que celle de l'infanterie, mais les cavaliers portent de grandes bottes dans lesquelles entre le pantalon.

Quatre escadrons de chaque régiment sont armés de lances, de sabres, de pistolets ou de revolvers. Les autres escadrons ont le sabre et la carabine à répétition système Winchester, ces carabines contiennent dans le magasin suivant leur modèle, soit 12, soit 16 cartouches. Une batterie attelée de campagne se compose de 4 officiers, 110 combattants, 7 non combattants, 6 pièces, 114 chevaux. La batterie à cheval a la même composition mais compte 171 chevaux. Le régiment d'artillerie était autrefois de 12 batteries, réparties en 4 bataillons de 3 batteries, dont un bataillon d'artillerie à cheval. L'organisation récente a ajouté à chaque régiment un bataillon d'artillerie montée ; les régiments sont donc à 5 bataillons. Le cinquième bataillon n'a pas ses batteries au complet. La tenue de l'artillerie montée est la même que pour l'infanterie ; l'artillerie à cheval et le train ont la tenue de la cavalerie.

La pièce de l'artillerie est le canon d'acier de Krupp, modèle prussien. Il existe encore des pièces de différents modèles, en bronze et en acier fondu ; on trouve aussi des mitrailleuses, mais elles n'ont pas été données jusqu'ici à l'artillerie de campagne.

La Turquie ne manque pas de chevaux de selle. La cavalerie est presque toute montée en chevaux entiers de race turcomane, qui sont achetés au prix modique de 270 francs environ. On fait venir les chevaux de trait de Bessarabie, de Transylvanie et de Hongrie, ils coûtent beaucoup plus cher; 800 francs en moyenne.

Une circonstance mérite l'attention, c'est que les troupes résidant dans des garnisons peu importantes et éloignées doivent user jusqu'à la corde les tenues qui ne paraissent plus assez bonnes pour les troupes de Constantinople et des grandes villes.

III

Il n'existe pas de train des équipages proprement
dit. Les bagages et les approvisionnements de
toute nature suivent les régiments sur des bêtes de
somme et sur des charrettes traînées par des bœufs.
Le service de santé laisse beaucoup à désirer.

Le corps d'officiers de l'armée turque est d'une
faible valeur, les officiers subalternes diffèrent peu
de la troupe et ne sont pas traités avec beaucoup
plus d'égards que leurs hommes. Un lieutenant touche 56 francs de traitement mensuel et une ration
alimentaire journalière; un capitaine a par mois 88
francs d'appointements et deux rations par jour.
Quant aux soldats, il leur est alloué en tout par
jour 90 centimes, c'est-à-dire 27 fr., par mois.

Jusqu'au grade de major inclusivement, les officiers sont vêtus aux frais de l'État comme la troupe.

En temps de paix, les troupes turques sont généralement logées dans des casernes et cela depuis un temps immémorial ; elles font ainsi partout l'effet d'un camp de nomades en pays conquis. Les officiers de la compagnie logent ensemble au quartier dans une seule chambre. Ceux qui sont mariés ne pouvant avoir leur famille avec eux, la logent hors du quartier.

Les officiers supérieurs ont dans le quartier des logements à part, mais le colonel lui-même n'a droit qu'à une seule chambre.

Le sort des officiers supérieurs du régiment est de beaucoup préférable à celui des officiers subalternes. Les colonels à la tête de leurs régiments, ont une indépendance presque complète dans leur commandement, aussi bien que dans l'administration de leur corps. Cette dernière circonstance est contraire à l'intérêt de la troupe. Le traitement mensuel du colonel est de 570 francs, il a droit en outre à 16 rations et 6 rations de fourrages. La ration alimentaire est d'une valeur de 67 centimes 1/2, la ration de fourrage de 1 fr. 50. Les rations alimentaires et rations de fourrages perçues par le colonel font donc une somme de 19 fr. 80 centimes par jour, c'est-à-dire 594 francs par mois.

L'instruction et l'éducation militaire des officiers supérieurs laissent à désirer comme celle des officiers subalternes. La faveur et l'arbitraire sont les seules règles de l'avancement. Et les services, qui valent à de jeunes officiers un avancement très ra-

pide, seraient difficilement considérés comme de
réels services en Europe.

Malgré tout, des témoins dignes de foi affirment
que les troupes régulières sont, en Turquie, un
modèle de discipline et que le simple soldat est
sobre et patient. Sur ce point, à l'époque de la
guerre de Crimée, les Turcs étaient préférés aux
Autrichiens et aux Russes par les Européens ins-
tallés à Galatz.

IV

Le corps d'armée proprement dit se divise en temps de guerre en deux divisions d'infanterie. La division se compose de deux brigades. En temps de paix, la division et la brigade n'existent pas ; les cadres du corps d'armée seuls sont tout à fait organisés. Les généraux désignés pour le commandement des différentes unités qui composent le corps d'armée, les officiers d'état-major et les différents employés sont en temps de paix à la disposition du commandant de corps d'armée, et attachés à sa personne. Le général en chef a sous ses ordres les commandants de places et de districts, mais ces commandements n'ont rien à voir avec la formation des divisions et des brigades en cas de guerre.

Enfin, indépendamment des commandements de corps d'armée, il existe encore des *commandements spéciaux de troupes actives* qui relèvent du ministère de la guerre seul. Si, par exemple, il faut former un corps expéditionnaire pour réprimer quelqu'une de ces insurrections qui se produisent si souvent, ou même pour triompher de la résistance passive d'une peuplade soumise sur le papier seulement à l'autorité du sultan, le ministre de la guerre le composera à son gré d'éléments empruntés à tous les corps d'armée. Puis il mettra la troupe ainsi constituée sous les ordres d'un de ces généraux pourvus de commandements spéciaux. Ces corps spéciaux ayant l'effectif d'une division ou même presque toujours un effectif plus fort, on comprendra parfaitement qu'un corps d'armée ne puisse pas se recruter uniquement dans la région qui lui est assignée. La mobilisation rend donc inévitable un va-et-vient des différents éléments.

Du reste d'autres raisons contribuent à ôter encore de la cohésion aux corps d'armée. Ainsi certaines troupes, l'artillerie de forteresse par exemple, n'entrent pas dans la composition de cette unité. Quelques provinces autrefois exemptes de la conscription ont été depuis soumises à l'impôt du sang : en compensation pour cette nouvelle charge, on leur a accordé plusieurs privilèges. Les contingents qu'elles fournissent servent à la formation de corps spéciaux dont l'éducation militaire se fait encore en dehors de tout contrôle des commandants de corps d'armée.

C'est pourquoi nous ne comprendrons dans la

composition des corps d'armée que leur effectif en nizam. Nous mentionnerons enfin les troupes spéciales qui relèvent du corps d'armée et celles qui n'en dépendent pas.

V

COMPOSITION DES CORPS D'ARMÉE DU NIZAM

1er *Corps. Garde, quartier général : Constantinople.*

7 régiments d'infanterie à 3 bataillons 24 bataillons.

	Bataillons.	Escadr ns.	Batteries.
7 bataillons de chasseurs.	7	»	»
5 régiments de cavalerie à 6 escadrons.	»	30	»
2 régiments de la brigade de cosaques à 4 escadrons.	»	8	»
1 régiment d'artillerie à 15 batteries.	»	»	15
1 régiment d'artillerie de réserve Ihtiat à 13 batte-			
A reporter	7	38	5

	Report	7	38	15
ries (dont une de montagne)...............	»	»	13
1 brigade du génie à 4 bataillons...........	4	»	»
1 Compagnie du génie...	1/8	»	»
1 bataillon d'ouvriers	1	»	»
Total..............	33 1/8 b.	38 es.	28 b^{ies}.

La brigade de cosaques, comprenant un régiment de dragons et un régiment de cosaques, fut créée en 1856 et reçut comme contingent des chrétiens c'est-à-dire des Polonais et des Bulgares. Aujourd'hui les chrétiens n'y sont plus qu'en très petit nombre ; e commandant de la brigade est actuellement un Turc. *La brigade du génie* ne fait pas partie du corps d'armée ; elle est destinée à faire la guerre de siège. Le bataillon d'ouvriers est aussi indépendant du corps d'armée.

Le régiment d'artillerie de réserve sert en majeure partie à fournir les détachements.

Des 7 régiments d'infanterie et des 7 bataillons de chasseurs du 1er corps, il faut déduire un régiment et un bataillon qui constituent *le contingent de Tripoli* ; ils résident dans la régence et y resteraient même probablement en cas de guerre ; ils ne tiennent jamais garnison en Roumélie.

2ᵉ Corps d'armée du Danube — Quartier général,
Choumla

	Bataillons.	Escadrons.	Batteries.
5 régiments d'infanterie à 3 bataillons.	15	»	»
5 bataillons de chasseurs. .	5	»	»
4 régiments de cavalerie à 6 escadrons	»	24	»
1 régiment d'artillerie à 15 batteries	»	»	15
1 compagnie du génie. . . .	1/8	»	»
Total........	20 b. et 1 c.	24 es.	15 b.

Le corps d'armée du Danube avait à l'origine 6
régiments d'infanterie et 6 bataillons de chasseurs ;
il a perdu un régiment et un bataillon à la formation du septième corps.

Le deuxième corps avait au début un régiment
dit « cordon du Danube », qui fut licencié en 1873 et
dont la troupe fut versée dans la gendarmerie.

3ᵉ Corps — Roumélie — Quartier général : Monastir
(Bitolia)

	Bataillons.	Escadrons.	Batteries.
6 régiments d'infanterie à 3 bataillons.	18	»	»
6 bataillons de chasseurs .	6	»	»
A reporter	24	»	»

Report	24	»	»
Brigade bosniaque, 2 régiments . . . . ,	6	»	»
Régiment frontière de Bosnie (Austro-Serbe)	4	»	»
Régiment frontière de Grèce.	3	»	»
Bataillon bosniaque	1	»	»
Bataillon albanais	1	»	»
4 régiments de cavalerie à 6 escadrons	»	24	»
1 régiment d'artillerie à 15 batteries ¹	»	»	15
1 compagnie du génie	1/8	»	»
Total	39 b. 1 c. 24 cs. 15 b.		

La brigade bosniaque a été formée au début d'un régiment frontière à 4 bataillons et d'un bataillon frontière herzégovinien, dans le but de s'opposer aux incursions des Monténégrins. Ces troupes avaient dans leur contingent des volontaires mahométans, gentilshommes pauvres appelés *schlachschitz*, sorte d'aventuriers de ce pays-là. En 1865, la conscription générale fut enfin décrétée mais avec une durée de service réduite. En 1869 le système de rédif était organisé en Bosnie, enfin les districts de bataillons au nombre de 6 étaient institués, correspondant au nombre des *Sandschaks*.

C'est de 1870 que date l'organisation du régiment-frontière bosniaque (austro-serbe) et du bataillon-frontière bosniaque (herzégovinien).

La création du *régiment frontière grec* et du *bataillon frontière albanais* date de la même année. Mais jusqu'ici les Albanais sont soumis à la conscription sur le papier seulement; plusieurs tribus refusent absolument d'obtempérer à cette loi, et se révoltent fréquemment quand les Turcs viennent les chercher dans leurs montagnes.

Le 3ᵉ corps comprenait auparavant 7 régiments d'infanterie et 7 bataillons de chasseurs, il fournit un régiment et un bataillon pour la formation du 7ᵉ corps.

4ᵉ Corps d'armée ou corps d'Anatolie. — Quartier général Erzeroum.

	Bataillons.	Escadrons.	Batteries.
5 régiments d'infanterie à 3 bataillons	15	»	»
5 bataillons de chasseurs .	5	»	»
4 régiments de cavalerie à 6 escadrons	»	24	»
1 régiment d'artillerie à 15 batteries	»	»	15
1 compagnie du génie. . .	1/8	»	»
Total.	20 b. 1 cⁱᵉ	24 es.	15 b.

Le 4ᵉ corps d'armée a, lui aussi, perdu un régiment d'infanterie et un bataillon de chasseurs à la formation du 7ᵉ corps.

5e Corps d'armée (corps d'armée d'Arabie). Quartier général Damas.

	Bataillons.	Escadrons.	Batteries.
5 régiments d'infanterie à 3 bataillons.	15	»	»
6 bataillons de chasseurs .	6	»	»
1 régiment d'artillerie . . .	»	»	15
4 régiments de cavalerie à 6 escadrons.	»	24	»
1 compagnie de sapeurs . .	1/8	»	»
Total......	21 b. 1 c^ie 24 es. 15 b.		

Ce corps d'armée composé primitivement de 7 régiments d'infanterie et de 7 bataillons de chasseurs a fourni deux régiments d'infanterie et 1 bataillon pour la formation du 7e corps. Un régiment de cavalerie licencié depuis, était, au début, monté en dromadaires.

6e Corps d'armée (Mésopotamie). Quartier général Bagdad.

	Bataillons.	Escadrons.	Batteries.
6 régiments d'infanterie à 3 bataillons.	18	»	»
5 bataillons de chasseurs .	5	»	»
A reporter	23	»	»

Report   23   »   »
4 régiments de cavalerie. .   »   24   »
1 régiment d'artillerie . . .   »   »   15
1 compagnie de sapeurs . .   1/8   »   »
____

Total.......   23 b. 1 c^{ie} 24 es. 15 b.

Le 6ᵉ corps n'a perdu qu'un bataillon de chasseurs à la formation du 7ᵉ corps. Il se compose du reste en majeure partie de troupes recrutées dans les autres régions. En 1871 le territoire du 6ᵉ corps fut partagé en 6 districts de régiments, et les tribus arabes sédentaires furent pour la première fois soumises à la conscription. Les Bédouins nomades en Mésopotamie sont encore très nombreux, et ils ont naturellement toute facilité pour se soustraire au recrutement, aussi la Porte fait-elle tous ses efforts pour les fixer, autant qu'il est possible de le faire. En admettant que dans une région très restreinte, le gouvernement turc arrive à un léger résultat sur ce point, il ne faut pas oublier que la nature même du sol dans le désert rend presque impossible une installation sédentaire pour les tribus bédouines.

Le rédif est loin d'être organisé dans le 6ᵉ corps : les 6 districts de régiments ne pouvaient fournir en 1874 qu'un bataillon de premier ban.

7ᵉ Corps d'armée (Iemen). Quartier général Sana.

	Bataillons.	Escadrons.	Batteries.
5 régiments d'infanterie . .	15	»	»
5 bataillons de chasseurs .	5	»	»
1 escadron de cavalerie . .	»	1	»
1 bataillon d'artillerie à 3 batteries	»	»	3
Total........	20 b.	1 es.	3. b.

Comme nous l'avons dit plus haut le 7ᵉ corps tout entier est composé d'éléments empruntés aux autres corps; c'est à peine si l'on a commencé à organiser la réserve et à faire fonctionner régulièrement le service du recrutement. Il faudra faire de grands efforts comme dans le 6ᵉ corps pour arriver à organiser la conscription dans l'Iémen, ne serait-ce même que sur le pied insuffisant où elle fonctionne actuellement en Mésopotamie.

VI

Indépendamment des corps d'armée il existe encore : 2 régiments de troupes d'administration (cordonniers, tailleurs, etc.) ; ils sont à 4 bataillons répartis suivant les besoins dans les magasins et dépôts de toute nature, où ils travaillent sous la direction d'officiers d'administration. Un bataillon de troupes d'administration se compose régulièrement de 4 compagnies. Le bataillon seul qui se trouve dans la région du 1er corps est à 8 compagnies.

L'effectif du régiment à 16 compagnies est de 1250 hommes.

Artillerie de forteresse et artillerie garde-côtes.

« — 7 régiments à 4 bataillons. — 3 compagnies par bataillon ; un régiment à 12 compagnies a un effectif de 2040 hommes.

6

b — 5 bataillons à 3 compagnies.

c — 17 détachements de canonniers sédentiresa (ferli) de force variable.

Le corps de la gendarmerie (zaptiés) se compose de 65 bataillons différant les uns des autres pour la composition et l'organisation. Un bataillon de gendarmerie à Constantinople comprend 7 compagnies à pied et une à cheval, tandis que d'autres bataillons se composent de 4 compagnies à pied et une compagnie à cheval. On compte en tout 33,000 hommes dans l'arme de la gendarmerie.

VII

Un corps d'armée, régulièrement constitué, conformément à la loi, comprend donc dans le Nizam
24 bataillons, 24 escadrons, 15 batteries, c'est-à-dire
en chiffre rond 22,000 hommes de troupes combat-
tantes d'infanterie et cavalerie, plus 90 pièces.

Supposons que les 7 corps d'armée du Nizam
aient l'un dans l'autre l'effectif ci-dessus, l'armée
active se composerait donc de 154,000 combattants,
(infanterie et cavalerie) et 630 pièces.

Le Nizam est renforcé par le Rédif. Nous avons
vu que l'infanterie du Rédif n'est réellement organisée que dans cinq régions de corps d'armée, et
qu'elle peut mettre sur pied dans chaque région
24 bataillons de premier ban, 6 bataillons de
deuxième ban. Il y a donc 150 bataillons (120,000
hommes au plus) dans les 5 régions de corps d'armée.

Pour la cavalerie et l'artillerie du Rédif, il ne saurait être question que de la troupe, l'organisation des cadres de ces corps n'existant que sur le papier. On ne saurait donc guère compter sur ces troupes, qui seraient utilisées en cas de guerre comme les gardes mobiles le furent en France en 1870.

On ne pourrait néanmoins les passer sous silence parce qu'elles constituent tout au moins des corps irréguliers.

C'est tout au plus, à notre avis, si la Porte peut mettre sur pied, en mobilisant, 300,000 hommes de troupes régulières ou pouvant être considérées comme telles, et 800 pièces environ.

C'est déjà un contingent considérable en raison de la situation financière de la Porte.

En revanche, la Turquie dispose de troupes irrégulières dans une plus grande proportion. Il lui suffit en effet de proclamer la guerre sainte contre les infidèles pour mettre immédiatement sur pied deux millions au moins d'adhérents à l'islamisme, qu'elle peut armer contre ses propres sujets chrétiens et contre les nations chrétiennes.

Seulement il faut reconnaître que si la Sublime Porte recourait à une mesure générale de ce genre, elle devrait, vu l'état précaire de ses finances, renoncer complètement à la direction de la guerre : le gouvernement de Constantinople n'aurait aucun ordre à donner, et même devrait obéir à toutes sortes de derviches. De plus, aussi longtemps que la Turquie voudra compter sur ses bons amis de la chrétienté (et elle compte sur eux non sans raison), elle doit se garder de proclamer la guerre sainte contre ces chiens d'infidèles.

C'est tout au plus si elle peut user d'un tel procédé dans le cas d'une insurrection locale, quand il est nécessaire de mettre sur pied en peu de temps dans le territoire insurgé une force militaire du pays. Les hordes de spahis et de bachi-bouzouks rapidement concentrées, ne sont pour la Porte l'occasion d'aucune dépense immédiate ; seulement ces troupes irrégulières se dédommagent par le pillage et rendent de plus en plus impopulaire chez les chrétiens la domination musulmane. En outre le pays étant devasté, le prélèvement des impôts y devient impossible.

VIII

TROUPES IRRÉGULIÈRES

L'armée régulière de la Porte, renforcée dans quelques localités de troupes irrégulières, est très suffisante pour réprimer les soulèvements isolés des populations chrétiennes et maintenir ces dernières dans la servitude. Il est d'autant plus aisé de le faire que les chrétiens de la péninsule, courbés constamment sur un travail toujours infructueux, ont pris en dégoût la vie et perdu courage et énergie. Il leur est bien difficile, même en cachette, de conserver des armes. Le courage du désespoir inspire rarement une vigoureuse initiative, il sert seulement à subir, la tête haute, un martyre inutile. Du reste, les Turcs redoutent peu ces accès de désespoir. Que de fois n'entend-on pas dans notre Europe si civilisée, blâmer les raïas, sujets chrétiens de la Porte? Même, au dire de certaines gens, ils ne valent guère mieux que les Turcs, et ils se montrent beaucoup plus pervertis et plus cruels qu'eux, toutes les fois qu'ils ont un avantage momentané ; alors ils sont enclins à la tromperie et à la trahison. Enfin dans le malheur ils sont lâches.

Supposons un instant que ces appréciations soient exactes, quant à présent que prouvent-elles ? Qu'en subissant l'oppression et l'injustice, une population finit par se pervertir.

Si donc les nations européennes se croient autorisées à porter sur les raïas d'aujourd'hui un jugement aussi défavorable, n'est-ce pas un devoir pour elles de les délivrer du joug avilissant des Turcs ? Un jour viendra où l'on changera d'avis sur le compte de ces pauvres raïas, et cela bien peu de temps après leur délivrance.

Si le Turc est suffisamment armé contre les insurrections *locales* des chrétiens, la question change de face dans le cas d'une insurrection *générale*, surtout si elle est appuyée par les états vassaux qui ont su conquérir une indépendance presque complète, et par les états de la péninsule, aujourd'hui indépendants, qui ont de vieux comptes à régler avec les Turcs. Supposons enfin qu'une grande puissance européenne se déclare la protectrice naturelle des sujets chrétiens de la Porte, supposons même qu'elle n'appuie d'aucun acte cette déclaration.

Dans de semblables conditions, la domination turque en Europe ne tarderait sans doute pas à avoir un terme. Les nations européennes, qui encouragent les insurrections partielles mais empêchent un soulèvement général des chrétiens de l'empire ottoman, commettent donc en quelque sorte un crime de lèse-civilisation.

Il est absolument certain que la Turquie ne peut lancer en Europe toutes ses hordes asiatiques si la Russie, même sans déclarer la guerre à sa voisine, met seulement sur pied une armée de 100,000 hommes dans les provinces transcaucasiennes.

La Russie, bien entendu, ne s'en tiendrait pas à une manifestation platonique et surveillerait les agissements de la Turquie. Il lui suffirait donc d'interpréter comme on le fait ordinairement le principe de la *neutralité armée* pour maintenir en Asie les forces de la Porte.

Tout le monde a encore présents à la mémoire les hauts cris jetés par une partie de la presse allemande quand la France en 1870 fit marcher contre l'armée prussienne les régiments de tirailleurs algériens, les turcos.

On traitait de bêtes féroces les turcos, qui sont pourtant des troupes très disciplinées ; la France, disait-on, commet un crime contre le droit des gens en déchaînant les turcos contre une nation civilisée.

Les accusations formulées alors contre la France n'avaient aucune raison d'être, pour tout homme qui connaît l'organisation des régiments de tirailleurs. Malgré cela, des journalistes allemands allaient jusqu'à assimiler aux turcos les zouaves et les chasseurs d'Afrique qui ne sont pas recrutés dans la population indigène de l'Algérie, mais sont de braves enfants de Paris ou viennent de toutes les parties de la France. Quand au contraire, la Turquie proclame la guerre sainte dans une province de son empire, elle déchaîne sous forme de spahis et de bachi-bouzouks de vraies bêtes féroces contre des populations accessibles à nos idées de civilisation, qui essaient de se soustraire à un joug odieux. Eh bien ! en conscience l'Europe peut-elle et doit-elle assister indifférente au spectacle de telles infamies ? Précisons davantage : les grandes puissances n'auraient-elles pas le droit d'empêcher tout passage de troupes turques d'Asie en Europe ? elle n'auraient pour cela qu'à faire la police des détroits au moyen de leurs flottes. Tout au moins pourraient-elles défendre à la Porte d'importer en Europe des barbares tels que les Bédouins, les Kurdes et peut-être les Turcomans. C'est là une question de droit international de la plus haute importance, et plus sérieuse certainement que beaucoup d'autres questions qui agitent notre continent.

Nous allons donner quelques notions sur les forces des états vassaux de la Turquie. Nous passerons successivement en revue l'Egypte, la Roumanie et la Serbie. Quant aux forces navales, les flottes égyptiennes et turques sont depuis peu de temps unies aussi intimement que possible, nous verrons donc plus tard, dans un même chapitre ce qui peut nous intéresser sur la marine de ces deux pays.

TROISIÈME PARTIE

ARMÉES DES ÉTATS VASSAUX: EGYPTE, ROUMA-NIE, SERBIE

1

ARMÉE EGYPTIENNE

L'armée régulière égyptienne se compose de 18 régiments d'infanterie à 3 bataillons, comme dans l'armée turque, (le bataillon est de 8 compagnies) de 4 bataillons de chasseurs, de 4 régiments de cavalerie à 6 escadrons, de deux régiments d'artillerie de campagne à 12 batteries fractionnées en trois « abtheilungen » de 4 batteries, une à cheval et deux à pied, de 3 régiments d'artillerie de forteresse, 1 bataillon de pionniers à 8 compagnies et une « abtheilung » de pontonniers.

L'armée régulière proprement dite compte donc

58 bataillons d'infanterie, 24 escadrons de cavalerie et 24 batteries, c'est-à-dire en chiffres ronds 50,000 hommes d'infanterie et cavalerie et 144 pièces.

L'infanterie est armée du fusil Remington, l'artillerie a des pièces en acier fondu système Krupp. Les règlements et l'organisation ont été copiés sur ceux de Prusse, surtout depuis la guerre de 1870.

L'armée, dont nous venons de parler, se recrute dans l'Egypte proprement dite, c'est-à-dire dans la vallée du Nil. Il est certain que cette armée est très susceptible d'être augmentée, aussi le khédive travaille-t-il beaucoup à la rendre plus forte depuis 1873, époque à laquelle on lui laissa carte blanche sur les questions militaires. Il est seulement un peu entravé dans cette voie par le mauvais état des finances.

Les officiers sortent, la plupart, de l'académie militaire du Caire ; quelques-uns sortent du rang. Les officiers égyptiens sont en tous points supérieurs aux officiers turcs. Ils n'obtiennent le grade de capitaine qu'après avoir subi avec succès un examen spécial. Aussi en raison de leur supériorité sur les Turcs sont-ils beaucoup mieux traités qu'eux.

L'armée régulière proprement dite comprend encore la gendarmerie (kavasses) forte de 5000 hommes, chargée en temps de paix du même service que dans les autres pays. Elle est en outre organisée de manière à encadrer en campagne une brigade de réserve, qui peut être employée contre les ennemis du dehors. Les officiers de gendarmerie sortent tous du corps d'officiers de l'armée régulière.

L'armée est encore renforcée par des corps d'infanterie formés de Nègres et de Bédouins ; ces derniers sont pour la plupart montés sur des dromadaires.

Les troupes irrégulières, semblables aux spahis et bachi-bouzouks turcs se recrutent en partie parmi les Bédouins du désert, et dans le Soudan. Elles sont évaluées à 50,000 hommes environ ; 3,000 nègres du Soudan constituent deux régiments. L'Académie militaire du Caire est divisée en cinq sections : état-major, artillerie et génie, infanterie, cavalerie et administration. Les cours sont suivis par 700 à 800 élèves. Un journal militaire paraît au Caire.

Si la Porte se trouvait dans une situation critique, l'Egypte lui apporterait-elle volontiers le concours de la totalité ou même d'une partie de ses forces ? C'est assez douteux ; pourtant jusqu'ici toutes les fois que l'Egypte n'était pas en lutte ouverte avec la Turquie, elle l'a secourue et lui a même souvent rendu des services très sérieux, tout récemment encore à la dernière insurrection des Candiotes en 1867. Mais dans cette circonstance, il y eut très peu d'entente entre Turcs et Egyptiens ; les troupes des deux alliés aimaient à se rejeter réciproquement la faute des échecs communs. Ces mauvaises relations pourraient bien déterminer l'Egypte, indépendamment de toute autre raison politique, à refuser quelque jour à la Porte l'appui de ses armes.

II

D'après la loi d'organisation de 1872, les forces de la Roumanie se composent :

1° de l'armée permanente,

2° de l'armée territoriale,

3° de la milice,

4° des gardes nationales et de la landsturm.

L'armée territoriale est une institution créée à côté de l'armée permanente ; elle est constamment pourvue de cadres organisés, qui malgré leur faible effectif en temps de paix instruisent les recrues de l'armée territoriale et même, comme nous le verrons dans la suite, les recrues de la milice. Le contingent est divisé en quatre portions, chaque portion est appelée à son tour pour faire tous les mois une semaine de service, trois portions restent donc

dans leurs foyers ¦pendant que la quatrième est
sous les armes. Cette organisation est rendue possible par le fractionnement en bataillons et escadrons des diverses circonscriptions du territoire,
du reste, peu étendues, absolument comme dans les
anciens confins militaires autrichiens.

Tout Roumain doit le service de vingt-et-un ans
accomplis à quarante-six ans quand il a toutes les
qualités physiques et morales requises pour être
soldat et qu'il n'est pas exempt. Après constatation
de leurs aptitudes physiques et de leurs positions
sociales, les recrues tirent au sort pour être envoyés soit dans l'armée permanente soit dans la
territoriale ou même encore directement dans la
milice.

Dans l'*armée permanente*, le service 'proprement
dit est de quatre ans; puis pendant quatre années
encore, l'homme appartient à la réserve du corps
dont il faisait partie.

Dans l'*armée territoriale*, le service proprement
dit est de six années, plus deux ans dans la réserve
de l'armée territoriale.

Les contingents qui, partagés entre l'armée permanente et l'armée territoriale, y ont accompli huit
ans jusqu'à leur vingt-neuvième année par conséquent, sont alors, jusqu'à leur trente-sixième année, incorporés dans la milice; ils finissent leur
service dans les gardes nationales ou landsturm.

La partie du contingent versée directement dans
la milice, y reste de vingt-et-un à trente-sixans et

passe dans la landsturm les dix années de service encore dues.

Il y a, comme en Prusse, dans l'armée permanente des volontaires d'un an qui, après l'accomplissement de leur année de service, passent immédiatement dans la réserve de l'armée permanente. L'armée territoriale, elle aussi, a des volontaires de deux ans classés de droit dans sa réserve après deux ans de service.

Depuis 1874 l'instruction militaire est obligatoire pour tous les élèves des écoles primaires et secondaires du pays ; ils portent des uniformes, de treize à quinze ans font l'école du soldat et l'école de compagnie sans armes, puis à partir de la quinzième année ils prennent les armes, sont exercés au tir, apprennent le service des places et le service en campagne. Cette mesure donnera sûrement d'excellents résultats ; le Roumain est médiocrement doté des qualités qui font le soldat, mais une semblable éducation sérieusement faite, lui donnera sans aucun doute des goûts militaires.

III

L'armée permanente de Roumanie se compose de

8 régiments d'infanterie de ligne à 3 bataillons de
guerre, un bataillon de dépôt. Le bataillon est
de 4 compagnies.
4 bataillons de chasseurs,
2 régiments de cavalerie (hussards) à 4 escadrons
de campagne et un escadron de dépôt,
2 régiments d'artillerie de campagne à 8 batteries,
1 bataillon de pionniers à 4 compagnies,
1 « abtheilung » de pontonniers à 2 compagnies,
5 escadrons de gendarmes à cheval,
2 compagnies de gendarmes à pied,
1 compagnie d'infirmiers.
Des escadrons du train sont constitués suivant les
besoins, en cas de guerre seulement et au moment

de la mobilisation. L'escadron est de 232 hommes et 308 chevaux.

L'armée permanente peut mettre sur pied 28 bataillons de campagne, 8 escadrons, c'est-à-dire 24,000 hommes d'infanterie et de cavalerie, et 96 pièces.

L'armée territoriale comprend :

8 régiments territoriaux d'infanterie, c'est-à-dire 32 bataillons,
8 régiments territoriaux de hussards (Kalarachi), en tout 30 escadrons,
32 batteries territoriales.

L'armée territoriale mettrait donc sur pied 32,000 hommes d'infanterie, 10,000 cavaliers et 5000 artilleurs avec 192 pièces.

La milice se compose de trois portions : la première fait chaque année deux périodes d'instruction de 15 jours ; la deuxième ne fait qu'une seule période d'instruction de même durée ; enfin la troisième est complètement dispensée de ces exercices.

La milice se compose 1° d'hommes ayant accompli leurs 8 années de service dans les armées permanente ou territoriale ; 2° de jeunes soldats qui sont directement incorporés dans la milice à 21 ans, et sont instruits des premiers principes de l'éducation militaire par les cadres de l'armée territoriale.

La milice est intimement liée à l'armée territoriale. A chaque bataillon ou escadron territorial correspond un bataillon ou escadron de milice.

Il y a donc dans la milice 32,000 fantassins et 11,000 cavaliers. La milice n'a pas d'artillerie.

En cas de guerre, l'armée territoriale et la milice peuvent être adjointes à l'armée active, si c'est nécessaire. La Roumanie peut donc mettre sur pied 120,000 fantassins et cavaliers avec 288 pièces.

La landsturm est pour la campagne ce qu'est pour les villes la garde civique. La garde civique et la landsturm ont pour effectifs tous les contingents de 36 à 45 ans. Doivent encore le service dans la garde civique et la landsturm : les Roumains de tout âge susceptibles de porter les armes, qu'ils aient accompli ou non leurs années de service dans les armées permanente ou territoriale.

La landsturm et la garde civique sont fractionnées en légions à deux bataillons, et peuvent être appelées en temps de guerre quand la totalité ou même une partie des forces actives est envoyée hors du territoire. On rappelle alors un nombre d'hommes en proportion avec le chiffre de combattants qui sont en expédition.

IV

La Roumanie, de même que les autres états européens, a dû subir les modifications apportées par
les progrès de l'armement. Jusqu'en 1874 l'infanterie de l'armée permanente était armée du fusil Peabody; l'infanterie de l'armée territoriale et de la milice du fusil à aiguille prussien. Depuis on a préparé tout au moins une amélioration de l'armement; déjà en 1873 on avait commencé à transformer en armes se chargeant par la culasse les fusils
se chargeant par la bouche qui étaient encore en
service. L'artillerie de campagne est armée de pièces se chargeant par la culasse de l'ancien système
prussien, tel qu'il existait en 1870 et qui a rendu
des services signalés dans cette campagne; les unes
sont en bronze, les autres en acier fondu. Dans les
arsenaux il y a en outre 100 pièces se chargeant par

la bouche de l'ancien système français (La Hitte) ;
les batteries de l'armée territoriale ont le canon du
même modèle.

Une école préparatoire de quatre classes a été instituée à Iassy pour former des officiers ; elle présente
beaucoup d'analogie avec les écoles de cadets de
Prusse. Les élèves qui en sortent vont dans une
école spéciale militaire d'infanterie et de cavalerie
comprenant deux classes, cette école est analogue
à l'école de Saint-Cyr. De cette école spéciale ils
sortent sous-lieutenants d'infanterie et de cavalerie,
ou sont envoyés à l'école d'application d'artillerie et
du génie pour y recevoir l'instruction nécessaire
aux officiers de ces armes.

Il y a en outre à Bukarest une académie de guerre
du modèle prussien. Elle se compose de trois classes et les officiers qui veulent y entrer doivent avoir
servi trois ans dans un régiment et subir un examen d'admission.

Il existe enfin deux *écoles de division* à deux classes
pour l'éducation des officiers de l'armée, qui ne sont
pas passés par l'école d'Iassy. Ils en sortent officiers
d'infanterie et de cavalerie.

Outre ses troupes de terre la Roumanie possède
une flottille du Danube, composée d'un vapeur à hélice, de deux vapeurs à roues, et de six chaloupes
canonnières à roues. C'est à Galatz que stationne la
flottille.

V

ARMÉE SERBE

L'armée est une milice dans laquelle tous les Serbes doivent le service de vingt à cinquante ans.

Outre la milice, qui est l'armée nationale proprement dite, il existe une armée dite « permanente ». Celle-ci a réellement pour mission, en temps de paix, d'être une troupe d'instruction, un *corps tactique* comme les Grecs disaient jadis, dans le but de former des officiers et des sous-officiers pour l'armée nationale.

En guerre, l'infanterie et la cavalerie de cette troupe constituent une brigade indépendante à moins qu'il n'en soit décidé autrement, mais l'artillerie et le génie en sont répartis dans les divisions de l'armée nationale.

Composition de l'armée permanente :

2 bataillons d'infanterie [1] à 800 hommes ;

2 escadrons de cavalerie à 80 cavaliers. (Pour l'infanterie et la cavalerie, les cadres officiers et sous-officiers ne comptent pas dans ces chiffres) ;

8 batteries de campagne à 8 pièces, [2]

4 batteries de montagne à 4 pièces,

1 compagnie d'ouvriers d'artillerie,

1 détachement du train d'artillerie,

1 bataillon de pionniers de 300 hommes,

1 bataillon de pontonniers sans les cadres,

1 détachement d'infirmiers de 96 hommes.

L'armée nationale est divisée en premier ban composé des contingents les plus jeunes, et en deuxième ban où sont incorporés les autres contingents.

Le premier ban comprend des corps de troupes de toutes les armes et constitue la véritable armée d'opérations ; le deuxième ban ne forme que des bataillons d'infanterie.

Le premier ban, sans parler des troupes de l'artillerie et du génie de l'armée permanente qui lui sont attribués en temps de guerre, compte les corps de troupes suivants :

1. D'après des renseignements plus récents, il y aurait actuellement 4 bataillons constituant deux régiments.

2. D'après d'autres renseignements, dont nous ne garantissons pas l'exactitude, la batterie de campagne n'aurait que 6 pièces. L'artillerie divisionnaire serait alors extrêmement faible.

	Combattants.	Non combattants et soldats du train.
80 bataillons d'infanterie à	840	132
33 escadrons de cavalerie à	150	30
27 batteries de campagne à 8 pièces.	180	40
1 batterie de montagne à 4 pièces	180	40
19 compagnies de pionniers à	150	34
18 compagnies d'infirmiers à	120	40
18 pelotons de vivres à	30	10
18 pelotons d'ouvriers	50	10
18 pelotons de travailleurs	30	10

Le deuxième ban de l'armée nationale fournit 80 bataillons d'infanterie à 600 combattants et 40 soldats du train et non combattants.

VI

La Serbie est divisée en *six circonscriptions* de divisions ; les troupes fournies par chaque circonscription constituent une division territoriale, placée en
temps de paix, sous les ordres du commandant de
cette division.

En temps de guerre, les troupes du premier ban,
renforcées dans chaque circonscription de troupes
de l'armée permanente, forment une division active
d'armée.

La division territoriale comprend en temps de
paix :

3 brigades d'infanterie du premier ban, et les 3
brigades du deuxième ban correspondantes. Ces
brigades de même que les divisions, portent les
noms des circonscriptions qui les fournissent ;

1 régiment de cavalerie ;

1 régiment d'artillerie ;

1 bataillon du génie à 3 compagnies de pionniers;

1 équipage de pont servi en campagne par des pontonniers de l'armée permanente, auxquels sont adjoints des pontonniers de l'armée nationale ; enfin les détachements d'administration et de train nécessaires.

Voici quelle est, en temps de guerre, la constitution des brigades et divisions actives de l'armée, déduction faite des troupes de deuxième ban, et de la brigade indépendante (de l'armée permanente) :

1re Division Drina, quartier général Waljewo,

Brigade d'infanterie *Chabatz*, 5 bataillons;

Brigade d'infanterie *Podrinic*, état-major à Lochnitza, 3 bataillons;

Brigade d'infanterie *Waljewo* 5 bataillons;

Régiment de cavalerie *Drina*, 5 escadrons ;

Régiment d'artillerie *Drina* 2 batteries de campagne, 3 batteries de montagne ;

Bataillon du génie *Drina* ;

Total 13 bataillons d'infanterie, 5 escadrons, 5 batteries ou 11,670 hommes d'infanterie et de cavalerie et 28 pièces.

IIe Division, Moravie occidentale, quartier général Tchatchack.

Brigade d'infanterie Uchitza, 6 bataillons.

Brigade d'infanterie Tchachack, 4 bataillons '

Brigade d'infanterie Rudnik, état major à Milanowatz, 3 bataillons.

Régiment de cavalerie, Moravie occidentale, 5 escadrons.

Régiment d'artillerie, Moravie occidentale, 3 batteries de campagne, 2 batteries de montagne,

Bataillon du génie, Moravie occidentale.

En tout 13 bataillons d'infanterie, 5 escadrons,
5 batteries, ou 11,670 hommes d'infanterie et de cavalerie avec 32 pièces.

IIIe Division, Moravie méridionale, quartier général Tchuprija :

Brigade d'infanterie Kruchewatz, 5 bataillons,
       id.   Alexinatz, 3 bataillons,
       id.   Tchuprija, 4 bataillons.
Régiment de cavalerie, Moravie méridionale,
Régiment d'artillerie Moravie méridionale.
En tout 12 bataillons d'infanterie, 5 escadrons,
3 batteries ou 10,830 hommes d'infanterie et de ca-
valerie et 24 pièces.

IVe Division, Timock, quartier général Saïtchar:
brigade d'infanterie Kniachiewatz, 4 bataillons,

       id.   Tchernajéka, état major à
                  Saïchar, 4 bataillons,

Brigade d'infanterie Kraina, état-major Niégotin, 5 bataillons,

Régiment de cavalerie Timok, 5 escadrons,

Régiment d'artillerie Timok, 3 batteries de campagne,

Bataillon du génie Timok.

En tout 13 bataillons d'infanterie, 5 escadrons, 3 batteries, 11670 hommes d'infanterie et cavalerie et 24 pièces.

Vᵉ Division, Danube, quartier général Pochiarewatz (Passarowitz) :

Brigade d'infanterie Pochiarewatz, 5 bataillons,

       id.   Branichewo, 5 bataillons,

      —   Semendria, 4 bataillons,

Régiment de cavalerie du Danube, 6 escadrons en deux divisions,

Régiment d'artillerie du Danube, 3 batteries de campagne,

Bataillon du génie du Danube :

Total 14 bataillons d'infanterie, 6 escadrons, 3 batteries ou 12,660 hommes infanterie et cavalerie avec 24 pièces.

VIᵉ Division, Chumadija, quartier général Krajujewatz

Brigade d'infanterie Belgrade, 5 bataillons,

      —   Krajugewatz, 6 bataillons,

      —   Jagodina, 4 bataillons,

Régiment de cavalerie Chumadija : 7 escadrons en 2 divisions,

Régiment d'artillerie Chumadija, 3 batteries de campagne,

Bataillon du génie Chumadija — ce dernier compte exceptionnellement 4 compagnies, savoir deux de la brigade Belgrade et une des brigades Kragujewatz et Jagodina.

En tout 15 bataillons d'infanterie, 7 escadrons, 3 batteries ou 13,650 hommes et 24 pièces.

RÉCAPITULONS :

Divisions	Bataillons	Escadrons	Batteries de campagne	Batteries de montagne
Ier	13	5	2	3
II	13	5	3	2
III	12	5	3	
IV	13	5	3	
V	14	6	3	
VI	15	7	3	

Total : 80 bataillons, 33 escadrons, 17 batteries de campagne, 5 batteries de montagne.

En ajoutant la brigade indépendante de l'armée permanente, dont les corps sont portés au même effectif que ceux de l'armée nationale, on a pour l'armée active serbe : 82 bataillons, 35 escadrons, 17 batteries de campagne et 5 batteries de montagne, ou 74,130 hommes d'infanterie et de cavalerie et 156 canons.

La cavalerie est faiblement représentée dans cette armée, car pour 100 hommes d'infanterie, on a 8 cavaliers à peine. L'artillerie est également peu nombreuse puisqu'il n'y a que deux pièces pour 1000 hommes d'infanterie et cavalerie.

C'est bien peu dans les conditions actuelles, surtout pour une armée de milice qui, pour la guerre, ne saurait se passer de l'appui d'une forte artillerie.

Or, la Serbie possédant 35 batteries de campagne de l'armée permanente et de l'armée nationale, 18 de ces batteries ne sont pas réparties dans les divisions actives et restent disponibles. Cette puissance ne pouvant guère songer dans sa situation actuelle à faire de ces batteries une réserve générale d'artillerie, il est probable qu'on les a réservées pour le deuxième ban de l'armée nationale.

VII

Les briga les d'infanterie du deuxième ban de l'armée nationale, composées du même nombre de bataillons que les briga les correspondantes du premier ban, restent provisoirement dans leurs circons riptions de division lors de la mobilisation, mais elles sont aussitôt après mises à la disposition du commandant de l'armée active.

Si elles étaient toutes réunies à l'armée active, elles lui apporteraient un renfort de 80 bataillons à 600 hommes, c'est à-dire de 48,000 hommes d'infanterie ; les batteries disponibles apporteraient de leur côté 144 pièces ; l'armée active tout entière compterait donc alors 122,000 hommes et 300 pièces.

Bien que les forces militaires proprement dites ne comprennent pas tous les hommes, et qu'il en reste une partie pour former les bataillons de remplace-

ment, on ne saurait admettre que le deuxième ban
tout entier soit jamais réuni à l'armée active ; il est
au contraire hors de doute, qu'il sera en partie employé au service des étapes et des garnisons. Dans
tous les cas, quelques bataillons du deuxième ban
pourront être appelés à renforcer les brigades correspondantes du premier ban, quelques brigades du
deuxième ban seront réunies aux divisions correspondantes du deuxième ban ; mais cela ne saurait
justifier qu'on garde en réserve la moitié des batteries pour de telles éventualités : il y aurait au
contraire tout avantage à répartir d'avance dans les
divisions du premier ban toutes les batteries de campagne, et l'on trouverait encore dans les arsenaux
des pièces de réserve pour le deuxième ban.

Il faut encore ajouter que les compagnies et les
bataillons de l'armée nationale portent le nom des
localités dans lesquelles ils sont recrutés, de même
que les brigades et divisions portent le nom de leurs
circonscriptions.

VIII

L'infanterie serbe de premier ban de l'armée nationale est armée du fusil Peabody, le deuxième ban du fusil Green. La cavalerie a le sabre, le pistolet et la carabine. Outre les fusils de fabrication récente, on a encore une abondante provision de vieux fusils : on estime à 250,000 en tout le nombre des armes à feu dont on dispose.

L'artillerie a des pièces rayées se chargeant par la culasse du système prussien ; il y a en outre dans les arsenaux quelques pièces se chargeant par la bouche de systèmes français et autrichien, enfin quelques mitrailleuses.

A Kragujevatz, la Serbie a une fonderie de canons, une fabrique de munitions d'artillerie, une cartoucherié et une manufacture d'armes, enfin un atelier pour les réparations de voitures, et un laboratoire où sont finies les munitions pour les canons et les fusils.

Il y a une salpêtrerie à Belgrade et plusieurs poudreries sur différents points du territoire qui approvisionnent suffisamment la Serbie.

Du reste, ce petit pays a essayé, non sans succès, de s'affranchir de toute dépendance de l'étranger pour les approvisionnements de cette nature.

Les troupes de l'armée nationale sont convoquées chaque année au printemps par bataillons, et en automne par brigades ; les exercices annuels, y compris les deux périodes, ont une durée totale de vingt-cinq jours.

Dans chaque arrondissement, il existe un stand pour le tir et une école de sous-officiers. Les sous-officiers fréquentent cette école les dimanches et jours de fêtes, et, sous la direction d'un officier de l'armée permanente, ils s'instruisent de leurs devoirs dans toutes les branches du service.

Un cours central est institué à Belgrade pour former les officiers de l'armée nationale ; pendant les quelques mois d'hiver, on y donne une instruction théorique et les officiers qui ont pris part à ces cours doivent en été assister aux exercices pratiques de la garnison de Belgrade. Enfin les jeunes gens qui désirent se consacrer plus spécialement à la carrière militaire, sont formés à l'académie militaire de Belgrade. Ils en sortent sous-lieutenants, et ceux qui ont obtenu les meilleures notes reçoivent de l'État des subsides qui les mettent à même de se perfectionner comme officiers en servant à l'étranger.

QUATRIÈME PARTIE

I

FORCES DU MONTÉNÉGRO ET DE LA GRÈCE

Il nous reste encore à donner quelques renseignements sur les forces des deux petits États indépendants, voisins de la Turquie dans la péninsule des Balkans.

Le Monténégro présente bien plus encore que la Serbie l'aspect d'une nation armée ; dans le Monténégro, la vie militaire est intimement mêlée à la vie civile : c'est un exemple unique en Europe. L'expérience a démontré de plus que cette harmonie n'était nullement contraire au progrès social du petit État.

Le Monténégro est partagé en huit nahias, chaque

nahia en pléménas, ces dernières se subdivisent enfin en centuries et décuries.

Un wojevode (grand chef) est à la tête de la nahia ; les pléménas sont commandées par des capitans, les centuries par des stotinyars (centurions), les décuries par des desetchars (décurions).

Les wojevodes, capitans, stotinyars et désetchars ne sont pas seulement les commandants militaires de leurs circonscriptions et arrondissements, mais ils en sont en même temps les administrateurs et les juges. Le prince les nomme et les destitue, ils sont à la solde de l'État. Tout récemment encore, on s'est préoccupé de l'instruction militaire de ces dignitaires, instruction qui devait être en rapport avec l'importance de leur commandement.

Les wojewodes des huit nahias ont à leur tête comme commandant en chef le grand wojewode, qui est en même temps président du conseil des ministres ou grand chancelier.

II

Tout Monténégrin doit le service. de dix-sept à
cinquante ans; au premier appel de leur wojewode
les soldats doivent se rendre au lieu de convocation.
Ils arrivent revêtus du costume national et comme
l'organisation militaire ne vise d'autre but que *la
défense du territoire*, les soldats n'ayant guère à s'é-
loigner de leur résidence habituelle pourvoient eux-
mêmes à leur propre entretien absolument comme
les Romains sous la république. C'est là, il est aisé
de le reconnaître; le côté défectueux de cette organisation d'ailleurs excellente; les expéditions loin-
taines dans des contrées pauvres seraient impos-
sibles.

On compte deux combattants par maison; un
desetchar a donc sous son commandement, cinq
maisons, un stotinyar cinquante maisons, un capitan

trois cents maisons dont les six cents combattants forment un bataillon d'infanterie. La nahia se compose de quinze cents maisons fournissant trois mille combattants d'infanterie. Les cinq bataillons de la nahia auxquels, comme nous le verrons, on a adjoint un peu d'artillerie, constituent une brigade ou division sous le commandement du wojevode.

L'artillerie des nahias est de l'artillerie de montagne; elle se compose de cinq batteries à quatre pièces et de deux batteries à deux pièces, en tout vingt-quatre pièces.

A la landwehr nationale dont nous venons de donner l'organisation, il faut ajouter des troupes permanentes, la garde du prince et la garde du château (Kabadanija), en tout 450 hommes, puis les gendarmes à pied (Perjaniks) au nombre de 600 environ.

Le Monténégro fabrique maintenant ses munitions sur son propre territoire; il y a une manufacture d'armes nationale à Tchernoje-Rieka.

Le Monténégro possède un très grand nombre d'armes : 10,000 fusils krenka, 5,000 fusils de système autrichien, 6,000 fusils à aiguille, tous se chargeant par la culasse, enfin 12,000 carabines Minié se chargeant par la bouche : au total 33,000 fusils.

Les batteries de montagne ont des pièces rayées. La Russie, qui a toujours eu à cœur la protection du Monténégro, a fourni au prince des ouvriers pour l'établissement de sa manufacture d'armes et de sa poudrière; elle lui a cédé des armes et envoyé des

instructeurs, d'abord seulement des sous-officiers ;
c'est sous leurs auspices, qu'une école militaire tout
à fait primitive fut créée dans le but de former des
instructeurs et de leur apprendre le maniement des
armes se chargeant par la culasse et les manœuvres
européennes. Un grand nombre de jeunes gens des
races albanaises du nord, (Ghèges), fréquentèrent
cette école militaire. Malheureusement si cette école
avait beaucoup d'élèves, elle coûtait naturellement
très cher, et les finances du prince de Monténégro
n'étaient jamais dans un état bien florissant ; on a
donc dû récemment encore recourir à la générosité
du tzar.

Le Monténégro est sur toutes ses frontières très
rapproché de la mer, mais comme il est séparé par
la Dalmatie de l'Adriatique, il ne possède aucun
port.

Cette situation rend très difficiles les relations du
Monténégro avec ses amis du dehors surtout avec la
Russie ; ses rapports avec cette dernière puissance
sont surveillés par l'Autriche ; ce sont là des conditions désagréables pour la Russie comme pour le
Monténégro, aussi le pays ne laisse-t-il échapper
aucune occasion de demander à grands cris un port.
Le Monténégro a déjà jeté les yeux sur le port peu
important de Spitza qui appartient aux Turcs, auquel il lui serait aisé de se relier, en reculant quelque peu sa frontière sud-est.

III

GRÈCE

Si en Serbie, dans le Monténégro et même, en Roumanie, nous nous sommes trouvés en présence de forces sérieuses, en Grèce, nous verrons que l'armée régulière est insignifiante.

L'infanterie se compose de 10 bataillons d'infanterie de ligne, 12 bataillons de chasseurs de montagne, 4 bataillons de chasseurs de frontière, et 4 compagnies isolées de chasseurs de frontière.

Les bataillons d'infanterie n'ont en temps de paix que 400 hommes environ d'effectif, mais ils sont renforcés en campagne par l'appel sous les drapeaux de la première, puis de la deuxième réserve. Leur effectif atteint alors le chiffre de 1371 hommes formant 8 compagnies à 140 hommes.

Un bataillon de chasseurs de montagne compte en temps de guerre 691 hommes en 4 compagnies. Les bataillons de chasseurs de frontière à 4 compagnies sont de 500 hommes en temps de paix comme en campagne, les 4 compagnies isolées de chasseurs de frontière toutes ensemble ont le même effectif.

La *cavalerie* se compose de 6 escadrons et en tout de 575 cavaliers ; l'artillerie comprend 10 batteries, elle a en tout 150 pièces et 1547 hommes ; il y a enfin 5 compagnies du génie seulement.

L'armée grecque régulière sur le pied de guerre est donc de 25,000 hommes d'infanterie et de cavalerie et 50 pièces. Il n'y a pas de train organisé d'une façon permanente. Les infirmiers détachés des corps sont instruits dans les hôpitaux.

En somme, il y a en Grèce un soldat pour 200 habitants. L'armée peut certainement dans des circonstances pressantes recevoir un renfort très sérieux.

La Grèce a une garde nationale qui, bien que répartie sur tout le territoire, reçoit néanmoins une certaine instruction. Elle est forte d'environ 100,000 hommes ; une partie de cet effectif peut être mobilisé.

En 1869, au moment du conflit qui eut lieu avec la Turquie, on voulait recruter dans les volontaires mobilisés de la garde nationale 30 corps (bataillons) à 650 hommes. C'était pour l'armée d'opérations actives un renfort de 20,000 hommes. En même temps, on pouvait utiliser pour les services de garnison et d'étapes les 80,000 hommes fournis par le reste de la garde nationale, et les 2,500 hommes provenant de la gendarmerie.

La faiblesse d'effectif de la cavalerie tient à la nature du terrain; les Grecs modernes ne pouvaient guère employer la cavalerie plus que ne l'ont fait leurs devanciers à l'époque des guerres de Perse. Il y aurait en revanche beaucoup à faire pour l'artillerie qui est trop faible, surtout si les 30 bataillons de volontaires de la garde nationale étaient mobilisés comme on l'a projeté.

L'infanterie est armée du fusil Remington, l'artillerie avait tout récemment encore des pièces se chargeant par la bouche de système français. L'académie militaire du Pirée se compose de trois classes fréquentées par soixante élèves qui sortent avec le grade de « fahnrich » (aspirant) dans l'armée et dans la flotte; au bout de deux années de service pratique, ils sont nommés officiers.

IV

Les Grecs ont passé de tout temps pour être d'excellents marins et ils justifient toujours cette répu-
tation. On sait combien la marine grecque s'est couverte de gloire dans ce siècle et a montré de déci-
sion, d'audace et d'héroïsme dans la guerre d'indépendance contre la Turquie.

Par suite du grand développement de ses côtes,
ce petit pays a plus de 36,000 marins, c'est-à-dire
les 2,6 °/₀ de la population tout entière et 12 pour cent
de la partie de la population apte à porter les armes.
Il y a en Grèce 6135 bâtiments de commerce, qui
sont pour la plupart de faible tonnage et destinés à
la navigation côtière : ils font aussi le trajet qui sépare les différentes îles de l'archipel. Ces bâtiments
ne jaugent guère pour la plupart plus de 68 tonnes;
ils ont en général 6 hommes d'équipage. Mais en re-

vanche, tout le monde sait que la navigation sur ces petits bâtiments est propre à former des marins hardis et habiles.

S'il suffisait d'avoir de bons marins pour créer une grande flotte, les Grecs pourraient mettre en ligne des forces navales supérieures à celles de beaucoup de puissances européennes, possédant une plus grande superficie de territoire. Malheureusement aujourd'hui que les cuirassés sont à l'ordre du jour, il faut un matériel très coûteux pour une flotte. Les cuirasses deviennent de plus en plus épaisses, les canons destinés à les percer augmentent de calibre; nouvelle augmentation d'épaisseur pour les cuirasses, et augmentation de calibre pour les pièces. Voilà seize ans que ce jeu dure : on ne donnait au début que 8 centimètres à la cuirasse, on est arrivé à 60 centimètres. Un cuirassé qui ne coûte que 6 à 10 millions est aujourd'hui traité par les marins avec le plus profond dédain. Où en arriverons-nous ?

Qui sait si ces colosses pesants armés d'énormes pièces, auxquelles il faut 15 minutes de préparation pour ouvrir le feu, ne pourraient pas être abordés avec avantage par des coquilles de noix, non cuirassées, mobiles, maniables même par le mauvais temps? Surtout si ces coquilles de noix sont montées par de hardis équipages, et munies de systèmes ingénieux pour l'abordage ; ce serait là la victoire remportée par David sur Goliath. Il ne serait pas impossible que la solution de ce problème ne fût trouvée quelque jour par les dignes descendants de Pythagore.

Maintenant, si l'on en croit les doctrines actuellement en honneur dans la marine, la flotte grecque est dans un état piteux : elle ne possède en effet que deux frégates cuirassées, armées en tout de 14 pièces. Et les deux plus fortes de ces pièces ne sont que de 12 tonnes, alors que John Bull, non content des pièces de 80 tonnes, travaille à créer des canons de 160 tonnes.

Quant à la flotte non cuirassée, elle est également médiocre. Elle a la composition suivante :

Navires à vapeur. — Une frégate de 32 pièces, six petites corvettes armées de 10 à 14 pièces, un aviso.

Bâtiments à voiles. — Une frégate à 26 canons et 7 corvettes et chaloupes canonnières armées de 8 à 22 pièces.

CINQUIÈME PARTIE

I

FLOTTES TURQUE ET ÉGYPTIENNE

Après avoir passé brièvement en revue la marine grecque, il sera tout naturel de donner quelques
renseignements sur les forces navales de la Turquie
et de l'Egypte.

Ces deux pays ont subi de grands désastres dans
le cours de ce siècle, la première fois à Navarin
(1827), la deuxième fois à Sinope (1853). Depuis
cette époque les Turcs et Egyptiens ont dû travailler
beaucoup.

Au moment de l'avénement d'Abdul-Aziz, les
cuirassés commençaient à être adoptés comme navires de guerre en Europe. Abdul-Aziz, pris d'une

belle passion pour les cuirassés, en commanda le plus possible et les paya *comptant*, ce qui n'était pas difficile alors que le papier turc valait l'argent monnayé en Europe. Tous les plus gros cuirassés turcs sortent des chantiers de l'Angleterre ; les plus petits bâtiments (canonnières) ont été construits dans le chantier de Constantinople.

Nous avons vu qu'Ismaïl, arrivé au pouvoir en Egypte, travailla au relèvement de la puissance militaire du pays, et que lui aussi fut partisan des cuirassés et en fit construire. Abdul-Aziz l'ayant appris chercha un moyen de réunir la flotte cuirassée égyptienne à la flotte turque. Il réussit à se faire livrer par le khédive les cuirassés égyptiens et à fournir ainsi à la flotte turque un renfort considérable.

Abdul-Aziz n'avait la manie des cuirassés que pour les posséder. On le voyait pendant les derniers mois de son règne s'arrêter sur les rives du Bosphore, et s'abîmer en contemplation devant ses chers cuirassés ; il ne songeait nullement au parti qu'il pourrait en tirer et ne s'occupait pas le moins du monde d'en faire une marine redoutable, en leur formant de bons équipages.

II

Les vaisseaux cuirassés sont aujourd'hui seuls
considérés comme navires de guerre en Turquie ;
les anciens bâtiments non cuirassés de la flotte de
guerre ont été désarmés et transformés en navires
de transport.

La flotte de guerre a la composition suivante :
6 frégates, 5 corvettes, 6 vaisseaux à tourelles,
8 canonières ; — total 17 bâtiments et 134 pièces dont
la plupart sont de gros calibre. Quelques-uns lan-
cent des projectiles de 300 livres. Les frégates ont
une force de 900 chevaux.

Outre ces bâtiments, la Porte possède encore
5 petites canonnières cuirassées : trois sur le Danube et deux sur le lac de Scutari en Albanie.

La flotte de transport, d'après ce que nous avons
dit, est très bien montée. Voici sa composition :

5 anciens bâtiments à hélice, 5 anciennes frégates à hélice, 6 corvettes à hélice, 53 bâtiments à aubes et à hélice de différents modèles, ayant une force de 120 à 1000 chevaux, 25 petits navires à vapeur ayant une force de 40 à 60 chevaux.

Pendant l'insurrection candiote, un seul des grands bâtiments de transport put débarquer à Candie 2400 hommes d'infanterie avec leurs munitions et le train.

Cette flotte de transport dispose d'une force de 20,000 chevaux et pourrait avec un équipage suffisant transporter en un seul voyage un corps d'armée tout entier avec sa cavalerie, son artillerie et ses convois.

Sur le Danube il y a en outre les canonnières cuirassées déjà mentionnées et 4 canonnières non cuirassées.

Enfin 53 navires à voiles appartiennent à la marine de guerre.

III

La flotte est pourvue d'équipages médiocres, parce qu'on n'a presque rien fait pour les former.

Les marins sont recrutés sur le littoral de la mer Noire et de la mer de Marmara, quelques-uns viennent même de l'intérieur. Ils font sept années de service actif, et sont cinq ans dans la réserve. Les marins de ces deux classes sont au nombre de 50,000 environ. Mais pour la plupart ils ont à faire un véritable service de garnison sur des vaisseaux stationnant perpétuellement devant Constantinople: depuis 1870 on n'a pas formé une seule fois une escadre d'évolutions. On comprendra aisément d'après cela que même le corps d'officiers doit avoir peu de valeur. Les officiers sont recrutés en partie dans les équipages; un nombre trop restreint sort de l'école navale établie sur les îles de Prinz près de Constantinople. Enfin quelques jeunes gens travailleurs et riches vont faire leur éducation comme marins dans les diverses écoles navales d'Europe, surtout en Angleterre.

La marine n'a pas d'artillerie spéciale : les pièces sont servies à bord par les matelots, sur les côtes par l'artillerie de l'armée de terre, dont nous avons déjà parlé.

Il y a un régiment d'infanterie de marine à 3 bataillons de 8 compagnies ; ce régiment a 3,600 hommes d'effectif.

Le principal arsenal et chantier est à Constantinople ; des établissements du même genre, mais moins importants existent dans les îles de Rhodes et de Lesbos. Les chantiers de guerre d'Eregli (Héraclée), Amassera et Sinope sur la côte nord de l'Asie Mineure avaient été supprimés au traité de Paris de 1856 ; ils ont pu être rétablis d'après le traité de Londres de 1871.

En 1870 on entreprit de transformer la baie de Suda sur la côte septentrionale de l'île de Crète en grand port de guerre avec un arsenal et des chantiers pour faire les réparations aux bâtiments de guerre. Les chantiers de Constantinople devaient être spécialement destinés à la construction de nouveaux bâtiments. Mais les travaux dans la baie de Suda durent être bientôt interrompus faute d'argent, et jusqu'à ce jour, on y a très peu travaillé.

IV

Le désastre de Sinope (1853) avait été un coup
très rude porté à la flotte égyptienne. Dès son avénement, Ismaïl Pacha employa tous ses efforts, et
ceux du pays au relèvement de la marine. Bien des
millions furent dépensés pour acheter en Europe
des navires de guerre et surtout des cuirassés.

Un grand dock flottant fut acheté pour le port
d'Alexandrie ; — en même temps au moment des
travaux du canal de Suez, un grand dock en ma-
çonnerie était établi dans le port de Suez.

La longueur de ce dernier est de 140 mètres, sa
largeur de 30 mètres et sa profondeur d'environ 12
mètres ; ce dock est pourvu de tous les aménagements
inventés dans ces derniers temps par les premiers
ingénieurs de la marine.

En 1870 le khédive fut forcé de céder à la Sublime

Porte les cuirassés achetés avec l'or égyptien ; cette mesure n'avait d'autre but que de donner à Abdul-Aziz l'agréable vue d'une formidable flotte stationnant à l'ancre devant les fenêtres de son palais.

Le khédive conserva seulement les navires en bois de différentes tailles, 50 bâtiments armés de 500 canons. Les trois vaisseaux les plus grands sont le *Méhémet-Ali*, bâtiment à hélice armé de 32 pièces, *l'Ibrahim* armé de 28 pièces et *le Latif* armé de 14 pièces.

Outre la flotte de guerre, il y avait encore une flotte de transport de 20 bâtiments. Enfin dans un cas pressant, on pourrait encore utiliser pour les transports les 64 bâtiments appartenant à la Société de navigation à vapeur de la mer Rouge, du Nil et de la Méditerranée. Les officiers et équipages de ces derniers bâtiments appartiennent à la marine égyptienne.

Les officiers de la marine égyptienne sortent pour la plupart de l'école navale d'Alexandrie.

Comme en Europe on croyait généralement depuis dix ou quinze ans qu'on ne peut faire la guerre navale qu'avec des cuirassés, on comprendra aisément que le khédive « Ismaïl le marin » n'eut rien de plus pressé après la perte de sa flotte cuirassée, que de se procurer de nouveaux navires du même système. Il fit plusieurs commandes en Europe. Deux navires à tourelles furent bientôt livrés ; mais les bâtiments cuirassés tendent chaque jour de plus en plus à être hors de prix. Il est aisé d'en commander

beaucoup, seulement si pour les recevoir il faut les
payer comptant, il sera très difficile d'en acheter
beaucoup, à moins d'avoir des finances dans un état
très prospère. La situation financière de l'Égypte
ayant été ces derniers temps assez mauvaise, on
comprendra aisément que la nouvelle flotte cuirassée égyptienne ne soit pas encore nombreuse.

SIXIÈME PARTIE

I

L'INSURRECTION DANS L'HERZÉGOVINE ET LA BOSNIE

Après nos considérations générales sur la situation et sur les forces des États de la péninsule des Balkans, il semblerait logique de faire une description topographique du territoire de ces puissances.

D'un autre côté, pour un lecteur qui ne peut pas entrer dans trop de détails sur ce sujet, ce serait un travail pénible que de lire une description générale d'un territoire aussi étendu; ce serait un travail plus aride encore que de rechercher dans ses souvenirs en suivant le récit d'un événement historique la configuration du pays qui en fut le théâtre.

Nous préférons donc entrer immédiatement dans notre sujet et commencer le récit de l'insurrection de l'Herzégovine et de la Bosnie qui eut lieu en juillet 1875 ; quant à la description géographique du théâtre des opérations, nos lecteurs la trouveront liée intimement à l'histoire même des événements et à l'exposé de leurs causes.

II

DESCRIPTION DE LA BOSNIE

Jusqu'en décembre 1875, la province (vilayet) de Bosnie, ayant pour chef-lieu Serajewo (Bosna-Seraï) se composait des contrées suivantes :

La *Bosnie proprement dite* au nord, dont la partie occidentale a pour chef-lieu Banialuka, est appelée généralement par les Turcs Croatie ; — au sud, l'*Herzégovine*, chef-lieu Mostar ; — dans l'ouest la *Rascie* (arrondissement de Novi-Bazar) (Ieni-bazar) chef-lieu Siénitza. — La Bosnie est séparée au nord par la Save de la Croatie autrichienne et de la Slavonie, les Alpes Dinariques la séparent à l'ouest de la Dalmatie ; elle est bornée au sud par l'arrondissement dalmate de Cattaro, par le Monténégro, sur le territoire duquel elle empiète en plusieurs points, enfin par le vilayet turc de Perserin ; la Bosnie est encore bornée à l'est par ce même vilayet, et par la

Serbie dont elle est séparée par les monts Javor et la Drina.

A l'exception des vallées de la Save et de la Drina inférieure, la Bosnie entière est une contrée montagneuse; elle est couverte de chaînes de montagnes enchevêtrées les unes dans les autres, d'où s'échappent des cours d'eau, et de hauts plateaux, qui servent de lien ou de séparation aux montagnes.

Les chaînes ont une direction générale parallèle aux Alpes Dinariques, elles sont donc orientées nord-ouest-sud-est; les plateaux ont une disposition tout à fait irrégulière.

Les cours d'eau du vilayet coulent les uns du sud au nord vers la Save, les autres du nord-est au sud-ouest vers l'Adriatique.

Parmi les affluents de la Save, il faut citer l'Unna, la Sanna, le Verbas, l'Ukrina, la Bosna et la Drina. Ces rivières appartiennent à la Bosnie proprement dite pendant la plus grande et la plus fertile partie de leur cours.

La Narenta est le seul des fleuves tributaires de l'Adriatique qui mérite d'être mentionné; c'est le seul cours d'eau de l'Herzégovine qui présente quelque importance; la Narenta coule d'abord dans la direction nord-sud, puis elle se fraie un passage à travers les Alpes Dinariques, et se jette dans l'Adriatique non loin du fort Opus en Dalmatie.

Il est encore un cours d'eau très remarquable qui ne peut passer inaperçu, c'est la Trébintchitza qui jaillit de nombreuses sources sur le haut plateau de

Bilek ; elle coulé d'abord du nord au sud, puis fait
un crochet et s'infléchit du sud-est vers le nord-ouest
pour se perdre enfin dans le sol dans la contrée
d'Utovio ; on ne sait plus alors ce qu'elle devient.
Ses eaux se dirigent-elles sous terre vers la Narenta
ou vers l'Adriatique ? ou bien encore se subdivisent-
elles en deux bras souterrains, dont l'un se jetterait
dans la Narenta, et l'autre dans l'Adriatique ? Ces hy-
pothèses sont toutes possibles ; mais jusqu'ici on n'a
encore sur ce sujet aucune donnée certaine. Dans
tous les cas, c'est un fleuve capricieux qui grossit
beaucoup au printemps au moment de la fonte des
neiges ; ses eaux, dont une grande partie disparaît
par évaporation, alimentent encore quelques maré-
cages dans les terrains qui avoisinent son cours.

Les chaînes de montagnes du vilayet de Bosnie
ont une altitude maxima de 2000 mètres, et les hauts
plateaux de 1000 mètres au-dessus du niveau de la
mer.

Les montagnes et une partie des hauts plateaux
sont boisés. D'autres hauts plateaux au contraire
sont entièrement dénudés ; ce sont des rochers cal-
caires extrêmement ravinés, ardus, d'accès difficile,
sur lesquels pousse un maigre gazon et çà et là un
champ de pommes de terre. Roskieviez appelle ce
sol infertile « Karstboden » [1] ; nous adopterons
ce même terme. Ce genre de terrain se rencontre

---

1. « Karstboden » signifie, en langue allemande, terrains qu'on
ne peut entamer qu'au hoyau.

surtout dans l'Herzégovine et dans le Monténégro.

On trouve dans les forêts des chênes, des tilleuls, et des hêtres, mais ce sont surtout les arbres de la famille des conifères qui prédominent, les sapins, les pins et les mélèzes.

Les forêts, pour la plupart, appartiennent à l'Etat, mais les habitants ont le droit d'y prendre tout le bois nécessaire pour leur usage. Il est évident qu'avec une administration aussi défectueuse, la culture forestière pourrait être très compromise. Outre cela les Turcs ont l'habitude, quand les habitants s'insurgent, de brûler des forêts entières afin de priver les insurgés de leurs refuges ; les Turcs, en agissant de la sorte obéissent à de « hautes raisons stratégiques » auxquelles il n'y a rien à répondre.

Le sol arable se trouve dans les vallées grandes et petites, ainsi que sur les moins élevés des hauts plateaux. D'après ce que nous venons de dire on voit que, sous ce rapport, la Bosnie est plus favorisée que l'Herzégovine.

On y récolte du blé, du froment, du seigle, de l'épeautre et du maïs, enfin de l'orge et un peu d'avoine.

Le peu de vin que produit le pays ne vaut absolument rien, parce qu'il est fait d'après de mauvais procédés ; il est remplacé par le cidre et le « schlibowitz » (eau-de-vie de prunes). La culture du prunier réussit très bien en Bosnie.

Des plantations de tabac existent surtout dans la Rascie et l'Herzégovine. Les melons poussent dans l'Herzégovine aussi bien qu'en Podolie et en Wolhynie.

On trouve beaucoup de bêtes à cornes en Bosnie et en Rascie, tandis que dans l'Herzégovine il y a surtout des chèvres et des moutons.

L'élevage du porc donne d'excellents résultats dans la basse Bosnie, seulement près de la Save et surtout dans la contrée qui avoisine la Serbie. Il réussit peu dans l'Herzégovine.

Le cheval bosniaque est petit mais résistant, sobre et rustique ; il sert surtout comme cheval de selle et de bât ; en Herzégovine il est le plus souvent remplacé par le mulet et l'âne.

III

On estime à 895 milles carrés la superficie du territoire de la Bosnie avec la Rascie, et à 220 milles carrés la superficie de l'Herzégovine.

Voici le pour cent qui donnera à peu près la répartition de la superficie en terres cultivées, forêts et terrains en friches.

	Terrains cultivés.	Forêts.	Terrains en friches.
Bosnie et Rascie,	40 °/₀	50 °/₀	10 °/₀
Herzégovine,	30 °/₀	30 °/₀	40 °/₀

Il y a en Bosnie 900,000 bêtes à cornes, en Herzégovine 100,000 seulement, alors qu'il pourrait y en avoir 225,000, si la proportion entre le nombre des têtes de bétail et l'étendue du sol était la même qu'en Bosnie.

Il y a par mille carré :

	Chevaux.	Mulets et ânes.	Moutons et chèvres.	Porcs.
en Bosnie,	22	1 — 2	280	22
en Herzégovine,	18	23	545	45

Les quelques chiffres que nous avons donnés au commencement de ce chapitre disent assez que la Bosnie est bien plus riche que l'Herzégovine. La Bosnie a tant de blé qu'elle peut en exporter ; et si elle disposait de voies de communications plus nombreuses, elle produirait plus qu'elle ne le fait, surtout, avec les demandes qui afflueraient de l'étranger. L'Herzégovine ne récolte pas assez pour se suffire ; elle achète en Bosnie autant que ses moyens le lui permettent.

Examinons maintenant ce pays à un autre point de vue.

Les terres susceptibles d'être cultivées sont toutes, à part bien peu d'exceptions, entre les mains des beys, c'est-à-dire des Bosniaques et Herzégoviniens de race serbe, convertis à l'islamisme par intérêt. Les sujets chrétiens du vilayet de Bosnie ne sont cependant plus dans l'esclavage, néanmoins on comprend facilement d'après ce que nous venons de dire que les propriétaires libres soient très peu nombreux. Les chrétiens serbes sont pour la plupart les fermiers des beys, et ils sont d'autant plus exposés à toutes sortes d'exactions de la part de ces derniers, que la justice est rendue par les beys et que le pays est aussi administré par eux. Les différents impôts levés par la Turquie pèsent donc uniquement sur la population chrétienne, qui paie les impôts prélevés sur les beys.

Roskiewicz compte 323,000 musulmans en Bosnie, 60,000 dans l'Herzégovine, 460,000 chrétiens de l'église grecque en Bosnie, 75,000 dans l'Herzégovine, enfin un total de 135,000 chrétiens catholiques en Bosnie et dans l'Herzégovine.

D'après Kolb, il y aurait en Bosnie 316,000 musulmans, 68,000 dans l'Herzégovine, 380,000 schismatiques grecs en Bosnie, 180,000 en Herzégovine, 111,500 catholiques en Bosnie, 42,000 dans l'Herzégovine.

Ces chiffres diffèrent les uns des autres; il serait difficile qu'il en fût autrement avec le désordre qui règne dans l'administration turque. Dans tous les cas, si on les considère comme à peu près exacts, on en tirera les conclusions suivantes :

Dans le vilayet de Bosnie, le nombre des beys propriétaires fonciers n'est guère plus grand que celui des colons chrétiens ; le bey musulman est donc toujours un pauvre diable; il n'en est que plus impitoyable dans ses exactions.

La tyrannie doit être plus grande en Herzégovine qu'en Bosnie à cause de la faible quantité de terres arables qu'on trouve dans cette contrée.

Le paysan libre du vilayet de Bosnie, qui se livre pour son propre compte à l'exploitation d'un petit coin de terre peu fertile, abandonné par les Turcs, n'est guère dans une situation plus enviable que le colon ou fermier des beys.

D'après la situation faite par les Turcs aux sujets chrétiens, on voit que ceux-ci, subissant l'oppression la plus dure, doivent fréquemment se révolter.

Un peu d'ordre dans l'administration de ce pays améliorerait beaucoup sa situation, qui ne peut qu'être rendue plus mauvaise encore par une question embrouillée, injuste et corrompue. C'est ainsi qu'est gouvernée la Turquie, mais de toutes les provinces turques c'est le vilayet de Bosnie qui a le plus souffert de cet état de choses. Nous attirons l'attention du lecteur sur ce fait afin d'éviter dans la suite d'inutiles répétitions.

IV

Il n'est guère d'État dans l'occident de l'Europe qui
ait à se plaindre de manquer d'impôts ; la Sublime
Porte ne fait absolument autre chose sous ce rapport
que les nations les plus civilisées, quant au nombre
des impôts qu'elle prélève :

Voici quels sont les impôts payés en Bosnie :

L'*impôt du pays (Pores)*, impôt de classes ; la population est partagée pour la fortune en trois classes
payant chacune un impôt différent ; — l'*impôt du tabac*, la gabelle, les impôts sur les mines ; les impôts
sur le vin et les auberges, sur les loyers et le timbre.
— On paie également une taxe pour les porcs à leur
naissance, et une autre taxe encore lorsqu'on les
abat ; en outre, l'Etat fait payer un impôt sur le
gland dans ses forêts car le musulman de même
que le juif a horreur, comme on sait, de l'animal

immonde qu'on appelle le cochon. Viennent ensuite les impôts sur les achats, — les impôts des portes et fenêtres, des voitures, des moulins. — Droits de succession, — l'impôt de *l'exonération du service militaire* ou « bédélieh. » Les chrétiens étant exclus de l'armée sont tous forcés de payer cet impôt appelé autrefois (*charadeh*) *capitation*. Dans l'Europe occidentale, on entend par capitation un impôt calculé d'après le nombre des habitants qui, tous sans distinction, paient la même somme. Le mot de « *charadeh* » en Turquie avait une signification bien plus intéressante. Les Turcs entendaient par là l'impôt par lequel les chrétiens mettaient plus ou moins leurs têtes à l'abri du fanatisme religieux et de l'arbitraire des musulmans ; aussi ont-ils changé ce mot un peu trop significatif de *charadeh* contre le terme plus convenable de « *bédélieh*. »

Tous les impôts que nous venons d'énumérer étaient répartis et prélevés par *des employés du gouvernement*.

Nous allons maintenant passer en revue les *impôts affermés* : La dîme (*desertina*), — les impôts sur le café, sur le tabac à priser, sur les sangsues, sur les noix de galle, sur les poids, enfin les droits de douanes.

Dans chaque arrondissement (*sandschak*), le gouvernement afferme à des particuliers ces divers impôts pour une certaine somme. Les fermiers, suivant la nature de l'impôt, cèdent moyennant un marché une partie de leurs droits à des sous-traitants ;

c'est de concert avec ces derniers qu'ils organisent une administration, au moyen de laquelle l'argent est perçu.

La *dîme* n'est autre chose que la dixième partie de tous les fruits de la terre : elle est prélevée à l'époque des moissons.

Le *café* est acheté tout brûlé et moulu dans des dépôts de café, absolument comme en France le tabac s'achète dans des bureaux de tabac. L'impôt sur le *tabac à priser* est perçu de la même façon.

Les étangs à *sangsues* appartiennent à l'État et sont exploités par des fermiers ; là récolte des *noix de galle* (fruits de l'espèce de chêne appelée *quercus ægilops*) est également affermée.

L'*impôt du poids* est prélevé dans les villes les plus commerçantes. Pour tout paquet expédié, dont le poids excède 90 kil. le fermier perçoit 6 paras. — (L'oka pèse 1 kil. 280 grammes, 100 paras valent 2 piastres et demie ou 55 cent.)

Les droits de douane sont prélevés à Sérajewo sur les propriétaires de chevaux de bât partant de cette ville avec un chargement de marchandises ; on paie 3 piastres par cheval.

On comprend aisément que tous ces droits, qui semblent prélevés sur les propriétaires fonciers et sur les marchands, finissent toujours en réalité par être à la charge des malheureux colons.

Ces derniers sont en outre redevables au propriétaire foncier du prix de leur fermage appelle *tretina* (tiers) ; cette redevance comprend moitié du revenu de la terre, une fois la dîme prélevée, quand le propriétaire a fourni la semence et les instruments aratoires.

La « tretina » est le tiers du revenu dans les bons terrains, et le quart du revenu dans les mauvais terrains quand le propriétaire n'a fourni aux colons ni les semences ni les instruments aratoires.

Le colon est donc exploité par le percepteur, par les fermiers généraux et par les propriétaires ; il est sous l'entière dépendance de ces derniers, il n'a même pas contre eux le recours qu'avait jadis contre son maître le serf attaché à la glèbe. Il peut être renvoyé sans raison après avoir cultivé son coin de terre. — Ce fait se produit quelquefois.

Les percepteurs, fermiers généraux et propriétaires appartenant aux classes dirigeantes se soutiennent entre eux. Qu'on s'étonne maintenant si les colons sont paresseux et n'apportent aucun perfectionnement à l'exploitation du sol ! A quoi bon travailler péniblement, puisque leur travail ne leur rapporte rien et sert seulement à engraisser les Turcs qui les pressurent. M. Disraëli et ses amis ne se doutent pas de la triste position faite aux colons bosniaques.

La situation du chrétien en Bosnie est déjà bien triste au point de vue matériel, elle est plus triste encore à d'autres égards.

Le colon est exposé aux exactions de tous genres de la part des musulmans, qui ne sont cependant pour la plupart que des renégats issus de race serbe. Il est opprimé dans ses croyances ; en justice son témoignage n'est admis qu'autant qu'il plaît au cadi.

Ces faits se passent au mépris des promesses faites à l'Europe par les sultans. Les offices chrétiens ne peuvent être célébrés qu'en cachette ; les cloches ne peuvent sonner. Les Bosniaques n'ont qu'à regarder au delà de la Save pour voir combien sont plus heureux leurs compatriotes passés sous la domination austro-hongroise. Ce n'est pas toutefois que ces derniers soient dans une situation très florissante, ils sont néanmoins infiniment mieux partagés que leurs compatriotes restés en Turquie.

Au surplus, à quoi servent les labeurs du paysan ? L'argent que rapportent les nombreux impôts n'est pas consacré à améliorer la situation de la Bosnie : on ne construit pas de routes, l'agriculture ne fait aucun progrès. L'argent passe tout entier à Constantinople à entretenir des harems, à acheter des cuirassés, à fournir enfin leur maigre pitancé aux soldats musulmans, qui oppriment tant les chrétiens.

Et maintenant, est-il *possible de modifier légalement ce triste état de choses,* tant que les mahométans seront dans la péninsule des Balkans ? *Non !* telle est notre conviction après l'étude approfondie que nous avons faite de l'impossibilité pour les chrétiens et les musulmans de vivre sous une même loi. Une grande révolution est nécessaire pour changer et améliorer cette situation.

Si quelqu'un pense que la civilisation du Coran

est supérieure à la civilisation chrétienne occidentale, qu'il travaille au maintien de la domination turque et de l'esclavage des chrétiens en Turquie. Ceux qui sont de l'avis opposé doivent au contraire chercher à donner aux peuplades chrétiennes de la péninsule le pas sur les musulmans. « L'égalité devant la loi », l'histoire est là pour le démontrer, n'est qu'un mot vide de sens, un mot qui ne devrait pas être prononcé par des hommes d'État sérieux, s'ils sont à la hauteur de leur mission.

V

Déjà au commencement d'avril 1875, de nombreuses plaintes s'élevaient dans l'Herzégovine et dans l'Albanie septentrionale ; les chrétiens de ces contrées demandaient à l'Europe occidentale un secours contre la barbare oppression dont ils étaient l'objet. Des familles entières émigraient dans le Monténégro. Les Turcs accusèrent le prince Nicolas (Nikita) de susciter des troubles dans les provinces limitrophes de sa principauté.

A la même époque en Serbie, un mouvement avait lieu dans l'opinion contre le prince Milan, Ce mécontentement n'était justifié par aucun fait. Une circonstance pouvait cependant l'expliquer : le désir manifesté par quelques Serbes de faire abdiquer Milan Obrenowitch pour donner sa place au prince Nikita de Monténégro. Les hommes politiques soupçonnaient derrière ces agissements une intervention de la Russie qui suscitait maintenant, après l'avoir habilement préparée depuis 1870, une conflagration destinée à renverser la Porte.

Au milieu du mois de juillet 1875, une révolte éclata à Névésinie, sur la Narenta, à l'occasion de la levée des impôts. Cela ne surprendra personne après ce que nous avons dit des impôts et de la manière dont on les prélevait. Au reste ces insurrections de peu d'importance n'étaient pas rares : il ne se passait guère d'année sans qu'une localité quelconque ne se soulevât. Cette fois le mouvement prit de plus grandes proportions ; en peu de temps tout le sud de l'Herzégovine sur la frontière du Monténégro était en flammes. Un comité se constitua rapidement pour la délivrance des raïas ; il lança le 31 juillet un appel à l'insurrection.

A cette époque, il n'y avait pas en Herzégovine plus de 4000 hommes de troupes turques répartis dans les villes du territoire qu'ils suffisaient à peine à garder. Il fut donc impossible au début d'opposer à l'insurrection des troupes régulières. Alors les beys prirent le parti de s'armer et de s'organiser en *ban féodal*, comme l'avaient fait jadis les princes et chevaliers du moyen-âge pour lutter contre les jacqueries et révoltes de paysans. Les valets mahométans escortaient les beys comme bachi-bouzouks. Ces chevaliers du brigandage mirent à feu et à sang les contrées dans lesquelles ils opérèrent. Les vieillards, les femmes et les enfants fuyaient l'Herzégovine méridionale pour aller chercher un refuge et une protection, les uns en Dalmatie, les autres dans le Monténégro. Les chrétiens herzégoviniens en âge de porter les armes se réunissaient en bandes dans les contrées montagneuses situées sur la frontière septentrionale du Monténégro.

VI

La partie sud du vilayet de Bosnie (Herzégovine
ét Rascie) pénètre par trois pointes dans la région
comprise entre la Dalmatie et le Monténégro et
dans le Monténégro lui-même. La pointe ouest, au
sud de la forteresse turque de Trébinie, est la contrée rocailleuse et sauvage de Zubzi : elle arrive dans
la partie sud (la Suttorina) jusqu'à la mer Adriatique
et sépare le territoire de la Dalmatie ragusienne
des bouches du Cattaro, qui appartiennent à l'Autriche.

La pointe centrale s'étend autour de la forteresse
turque de Nikchitch; cette ville éloignée seulement
de 4 kilomètres de la frontière monténégrine est
reliée par le col de Duga, long de 20 kilomètres, au
haut plateau de Gatchko (Métokia).

La pointe ouest et la pointe centrale sont reliées

10.

sur le territoire turc par la contrée montagneuse de Bania au sud de Bilek ; elles sont réunies bien plus directement encore par le pays de Grahowa du Monténégro.

La pointe est sur la haute Tara, près de Kolachin, est en communication immédiate avec le cercle de Novi-Bazar (Rascie); elle communique avec la pointe centrale par les chaînes de montagnes si ardues de Piva, sur le territoire turc suivant une voie beaucoup plus courte encore par la Moratcha, dans la principauté de Monténégro.

Il est important, pour suivre la marche des événements, de se rappeler que la ligne de Zubzi, Baniani du massif d'Utech près du défilé de Duga, de la vallée de Piva et du Kolachin constituent la base des opérations pour les insurgés herzégoviniens. C'est de là que partent leurs lignes d'opérations en aval de Piva, et en travers du massif d'Utech vers le haut plateau de Gatchko, — à travers la vallée de la Trébintchitza (Popovo-Polie) contre Névésinie et Mostar d'un côté, contre le port de Klek d'autre part.

Il y a à vol d'oiseau 45 kilomètres de Trébinie à Nikchitch, 36 kilomètres du cloître de Piva à Nikchitch, 24 kilomètres de Métokia (Gatchko) à Piva, 19 kilomètres de Bilek à Trébinie et 28 kilomètres de Bilek à Gatchko, 38 kilomètres de Gatchko à Névésinie, 20 kilomètres de Névésinie à Mostar. Il y a enfin de 55 à 60 kilomètres environ du port de Klek à Mostar et de Névésinie à Trébinie.

C'est avec intention que nous donnons ces distances, qui servent simplement de points de repère au lecteur. Les points ci-dessus mentionnés seront de la plus haute importance sur le théâtre de guerre de l'Herzégovine. On voit que la distance de ces différents points est assez faible ; il y a une ou deux fortes journées de marche au plus de l'une à l'autre de ces localités, si l'on se base sur ce que seraient les mêmes distances dans l'Europe occidentale et dans l'Europe centrale. Mais les conditions ne sont pas les mêmes dans ces contrées. La viabilité laisse beaucoup à désirer. Si l'on excepte le chemin de Mostar, longeant la Narenta jusqu'à Klek, qui peut être pris, au besoin, par des voitures légères, on n'a absolument que des chemins muletiers ; encore ces derniers ne sont-ils pas tracés par la main des hommes ; ce sont des sentiers naturels. Les prétendus ponts, quand on en trouve, sont des passages pour les piétons. Les chevaux doivent passer à gué. En outre, ces sentiers montent et descendent, sont embarrassés par les broussailles, passent sur des rochers à nu, et traversent des forêts. Dans ces conditions, les distances se trouvent doublées, triplées et même quadruplées pour l'exécution des marches en troupe que nous avions calculées plus haut comme à vol d'oiseau.

VII

Lorsqu'en juillet 1875, Dervich-Pacha, gouverneur
du vilayet de Bosnie, reçut à Sérajewo les premières
nouvelles de l'insurrection herzégovinienne et de la
contre-insurrection des beys et de leurs bachi-bouzouks, il disposait dans la Bosnie proprement dite
de deux régiments d'infanterie du Nizam, c'est-à-
dire 6 bataillons, 4000 hommes au plus. Ceux-ci
étaient répartis entre les garnisons de Sérajewo,
Dolnia Tuzla, Banialuka et Travnik. Il les fit rentrer aussitôt et les envoya à Mostar avec l'intention
de combattre l'insurrection d'une manière régulière
et d'enlever par suite aux beys et à leurs bachi-bouzouks la direction de la lutte.

Pour ne pas amoindrir les garnisons de Bosnie,
il convoqua le Rédif bosniaque qui pouvait mettre
sur pied 8 bataillons, c'est-à-dire un effectif de 6000
hommes au plus.

La Porte de son côté parvint lentement, mais elle parvint enfin, à l'instigation des puissances européennes, (nous le verrons dans la suite), à se convaincre qu'elle devait étouffer l'insurrection au moyen de troupes régulières, qu'elle dirigea de Constantinople sur Klek.

De même que la Suttorina, le port de Klek est enclavé dans la Dalmatie. Tant que la république de Venise posséda la Dalmatie, elle prétendit à la domination absolue sur les eaux du littoral, et elle maintint ses prétentions. Les Turcs pouvaient concentrer sur le continent dans cette enclave, autant de forces qu'ils le voulaient ; mais leurs relations avec la mer étaient contrôlées par les Vénitiens dont l'autorisation était nécessaire pour débarquer à Klek des troupes turques et du matériel de guerre. Lorsqu'en 1797 la Vénétie et la Dalmatie passèrent sous la domination de l'Autriche, cet usage et ce privilège des Vénitiens resta maintenu ; la Porte, il est vrai, protesta à plusieurs reprises contre cet état de choses et essaya par des négociations de le faire cesser. Mais elle ne réussit pas. Elle se vit donc forcée en 1875, lorsque l'insurrection devint sérieuse, de demander à l'Autriche l'autorisation de débarquer des troupes à Klek. Cette autorisation, du reste, fut accordée, accordée même assez volontiers, puisque la politique autrichienne en Orient n'a d'autre but que le maintien du *statu quo*.

D'ailleurs dans le cas présent, où il s'agissait de combattre une insurrection, il eût été assez difficile de refuser cette autorisation. La situation se fût singulièrement modifiée par exemple si le Monténégro, état indépendant, eût déclaré la guerre à la Porte.

Le transport des troupes par mer était le plus commode et le plus court pour la Turquie. Si le débarquement par Klek n'eût pas été possible, les troupes turques auraient dû prendre terre à Antivari et faire un grand détour le long des frontières sud-est du Monténégro pour atteindre le théâtre de la lutte.

Déjà le 6 août les insurgés avaient entrepris de cerner la forteresse turque de Trébinie, et de couper toutes les voies donnant accès à cette place. Les premières troupes turques qui arrivèrent à Klek furent aussitôt dirigées par Popovopolie sur Trébinie pour dégager la place.

Elles infligèrent le 20 août une défaite décisive aux insurgés ; ceux-ci s'enfuirent les uns dans les Zubzis, les autres dans les Banianis, fermement résolus à reprendre la lutte aussitôt que possible.

Dès le début de l'insurrection, la diplomatie européenne se montre sur la scène. Nous continuerons néanmoins le récit des événements accomplis dans l'Herzégovine et la Bosnie jusqu'à la fin de 1875, et nous résumerons ensuite les efforts de la diplomatie jusqu'au commencement de l'année 1876. Nous pouvons d'autant mieux le faire que ces efforts restèrent tout à fait infructueux.

VIII

Le 16 août, l'insurrection écláta aussi en Bosnie.
Près de Banialuka quelques cavaliers turcs s'étaient
offert l'agréable passe-temps de sabrer des ouvriers
chrétiens, qui passaient paisiblement. C'est en vain
que les parents des victimes demandèrent une réparation à la justice. Ce fait suscita une grande
agitation et la lutte commença aussitôt dans les rues
de Banialuka entre chrétiens et musulmans. Les
chrétiens furent battus, mais trouvèrent une protection et un refuge dans les villages voisins ; des
bandes d'insurgés s'organisèrent alors sur différents
points de la Bosnie.

Dervich-Pacha, comme nous l'avons vu, avait
envoyé à Mostar la brigade du nizam résidant en
Bosnie, et avait convoqué pour le remplacer le rédif
bosniaque. Il répartit ces dernières troupes entre

les garnisons de Sérajewo, Banialuka, Bihatch sur l'Unna, Bilaj, Dervent, — au sud Brod, Livno, Travnik, Prusatch — au sud-est Kladain et Bakarev, — Wakuf, au sud de Banialuka. Le gouverneur disposait en outre d'une batterie de campagne et d'une batterie de montagne à Sérajewo, de deux escadrons de cavalerie, l'un à Sérajewo, l'autre à Livno et de quelques compagnies de gendarmes. Il demanda du renfort pour la Bosnie au commandement du 3ᵉ corps d'armée à Monastir (Bitolia), mais il ne reçut de ce côté qu'un seul bataillon de chasseurs du Nizam, qui arriva très tard.

Dans ces circonstances, ce fut un bonheur pour les Turcs que l'insurrection en Bosnie se propageât lentement et avec bien moins d'intensité que dans l'Herzégovine. De fait, au début, les bandes d'insurgés n'étaient guère composées que d'Uskokes, bandits qui vivent de brigandage sur les deux rives de la Save. Mais cela changea bien plus tard, quand les Herzégoviniens eurent remporté quelques succès et quand les popes bosniaques firent eux-mêmes l'appel aux armes.

Les chefs des insurgés se réunirent le 27 août au cloître de Kosiérovo dans la vallée de la Trébintchitza entre Bilek et le Monténégro. Cette assemblée était convoquée à l'instigation des puissances européennes. Mais là, l'attitude des chefs des insurgés fut loin d'être pacifique, ils profitèrent de leur réunion pour prendre des déterminations essentielles à l'effet de mieux organiser l'insurrection et arrêtèrent une espèce de plan de campagne.

Cette réunion fut présidée par un agitateur serbe Liubibratitch, qui fut un véritable Mazzini ; il avait déjà combattu sous les ordres de Luka Bukalovitch.

Les autres chefs d'insurgés, qui à partir de septembre, joueront le rôle le plus important sont : Lazar Sotchitza, Luka Petkovitch, Bozevitch de Bania et le Monténégrin Péko Pavlovitch. Ce dernier ne tarda pas à se séparer de Liubibratitch parce que Liubibratitch servait surtout les intérêts de la principauté de Serbie, et Péko ceux du Monténégro.

Ce fut en octobre que commencèrent les rivalités des chefs, restés si unis jusqu'alors.

D'après le plan de campagne arrêté à *Kosiérovo*, les opérations des insurgés se bornaient à des attaques dirigées contre des colonnes turques isolées. Le but de ces attaques était de s'emparer des mulets, chevaux de bât et des convois de vivres, qui suivaient les détachements ; le tout était dirigé sur des dépôts dans les Zubzis et les Banianis et servait au ravitaillement des insurgés.

Dans les derniers jours de septembre, Péko et Liubibratitch sortirent avec 2000 hommes des Zubzis, franchirent le massif de Gradina et vinrent à Prapatnitza.

Cette ville est sur le chemin muletier, qui va de Klek à Stolatz. Là les insurgés s'établirent en embuscade.

Quatre bataillons turcs, qui venaient de débarquer à Klek se dirigeaient sur Stolatz. Les insurgés attaquèrent aussitôt les deux premiers bataillons. Ceux-ci, qui ne s'étaient pas fait éclairer et qui marchaient sans prendre les précautions les plus élémentaires pour assurer leur sécurité, furent surpris; sans avoir résisté beaucoup, ils furent jetés dans les marais d'Utovo. Les deux autres bataillons arrivèrent alors à la rescousse, ainsi que 1600 hommes et deux pièces de montagne envoyées de Mostar pour recueillir la colonne partie de Klek. Les insurgés, reconnaissant cette fois leur infériorité numérique, se retirèrent en bon ordre vers Liubinie à l'est, emportant un riche butin d'armes et de munitions de tout genre. Ils ne furent pas poursuivis par les Turcs; ces derniers avaient perdu 500 hommes, tandis que les Herzégoviniens n'avaient éprouvé que des pertes insignifiantes.

Un récit un peu romanesque du combat de Prapatnitza fit aussitôt le tour de la Serbie; les popes serbes prêchèrent la croisade, et de la contrée de Novi-Bazar les insurgés reçurent un nouveau secours.

Des bandes révoltées s'étaient constituées dans cette dernière contrée pendant le mois de septembre et avaient coupé les communications de Nova-Varoch (Ieni-Varuch) avec Sérajevo. Méhémet Ali-Pacha, que certaines gens disent prussien et même né à Magdebourg, attaqua ces bandes autour de Siénitza et les dispersa le 19 septembre. Mais après l'épopée de Prapatnitza, de nouvelles bandes se reformèrent aussitôt autour de Novi Bazar; quelques-unes d'entre elles se dirigèrent vers l'Herzégovine et apportèrent à l'insurrection un renfort d'autant plus utile que les bandes herzégoviniennes dans les Zubzis et les Banianis comptaient en tout à peine 4000 hommes. Du reste un effectif trop considérable aurait peu servi, parce que les approvisionnements nécessaires auraient fait défaut.

Un autre événement vint redoubler la fureur des insurgés. Les Turcs, comme nous le verrons plus tard, avaient promis la paix et une situation bien meilleure aux chrétiens. Alléchés par ces promesses, quelques malheureux, qui avaient abandonné leurs terres pour se réfugier dans la Dalmatie et le Monténégro, rentrèrent chez eux, notamment les habitants de Popovo-Polie. Mais, au lieu d'être de la part des Turcs l'objet d'un paisible accueil, ils furent arrêtés comme insurgés et mis à mort le 4 octobre.

Et si après cela les insurgés étaient venus dire : « voyez ce que vaut la parole des Turcs, voyez ce qu'on peut attendre de l'intervention de l'Europe contre nos oppresseurs ! Nous ne pouvions compter que sur nous-mêmes ! », qui aurait pu désapprouver un tel langage ? Ils reçurent un nouveau renfort, et ceux qui s'étaient enfuis dans le Montenégro, la Dalmatie et sur le territoire autrichien, de l'autre côté de la Save, se gardèrent bien de revenir.

Pendant le mois d'octobre, l'insurrection se propagea sans bruit dans le sud de l'Herzégovine. Il n'y eut aucune opération importante, mais des convois turcs dirigés des dépôts sur les points fortifiés du pays furent attaqués en route par surprise.

Les insurgés furent constamment heureux dans leurs entreprises. Les colonnes turques s'allongeaient indéfiniment sur de détestables chemins ; elles étaient extrêmement longues à cause des animaux de bât, qu'elles emmenaient pour porter des vivres.

On ne pouvait pourvoir à la sécurité des colonnes pendant la marche au moyen de cavalerie. Les meilleures divisions de cavalerie indépendantes seraient superflues dans un semblable terrain. L'infanterie turque ne pouvait suffire à assurer la sécurité des colonnes malgré toute sa patience. Les hommes étaient fatigués, le terrain leur était complètement inconnu, enfin ils étaient très éprouvés par le climat.

Les Herzégoviniens au contraire, connaissaient le moindre sentier ; — opérant par petits détachements, ils choisissaient le point qu'ils voulaient attaquer sur le flanc de la colonne, ils recherchaient surtout les animaux de bât. Une partie de ceux-ci étaient conduits à l'écart dans les montagnes pour y être déchargés en sécurité, enfin on poussait dans les précipices les animaux intraitables. On détruisait de la même façon les convois de bêtes de somme qu'on ne pouvait emmener, par suite de l'approche d'une colonne turque. Toutes les fois que les insurgés se trouvaient en présence d'ennemis bien supérieurs en nombre, ils se retiraient et les Turcs n'étaient jamais en état de faire une poursuite sérieuse. Ces derniers se trouvaient dans une très fâcheuse situation; avec les renforts arrivés de Constantinople, Dervich-Pacha ne disposa, à partir du mois de septembre, que de 16,000 hommes de troupes régulières pour la répression de l'insurrection herzégovinienne.

Les Zubzis étaient évidemment le foyer de la résistance, le repaire des insurgés; c'est de là que, fractionnés en petites bandes, ils partaient, continuellement pour ces redoutables expéditions, qu'on pourrait comparer à de mortelles piqûres d'insectes; c'est là encore que tout le butin était emporté pour servir à l'entretien des révoltés.

La brigade turque de *Chefket-Pacha* occupait Trébinie et le territoire avoisinant cette place, reprise par les Turcs le 20 août. Jusqu'ici, les abords immédiats de Trébinie avaient seuls pu être conservés. Une brigade turque devrait être de 4,800 hommes environ, mais ces effectifs avaient diminué promptement après quelques marches dans une contrée sauvage et des terrains difficiles. Il ne faut donc pas s'étonner si Chefket-Pacha n'avait pu jusqu'ici rien faire contre les Zubzis. Il reçut enfin de Dervich l'ordre d'aller chercher les brigands jusque dans leurs repaires et d'en purger les Zubzis; il devait par la même occasion ravitailler les petites garnisons turques établies dans les blockhaus aux nœuds de routes importantes.

Le 11 octobre Chefket-Pacha quittait Trébinie et avait l'intention de suivre le chemin muletier qui, partant de Trébinie, passe par Grab, traverse les Zubzis et se dirige d'un côté sur la Suttorina, de l'autre sur le fort autrichien de Castelnovo dans l'arrondissement des bouches du Cattaro.

Vers Tchitchewo, à mi-chemin entre Grab et Trébinie, à quatre kilomètres seulement de cette dernière place, il rencontra une faible avant-garde ennemie précédant trois ou quatre cents insurgés. Il les repoussa sans peine et put ravitailler les blockhaus les plus rapprochés, qu'on peut considérer comme des forts détachés faisant partie des défenses de Trébinie.

Chefket continua sa marche au sud de Grab et le 13 octobre, il se heurta à un parti d'insurgés fort d'environ 2,000 hommes. Ceux-ci avaient pris position sur les hauteurs situées à l'est de la route. Les Turcs attaquèrent avec beaucoup d'entrain, s'emparèrent de la position ennemie, mais ne purent entreprendre de poursuite sérieuse à cause des difficultés du terrain.

Chefket dut même regagner Trébinie parce que ses vivres étaient épuisés. Les insurgés s'étaient retirés les uns dans la Sutttorina, les autres le long de la frontière du Monténégro pour pouvoir à chaque instant passer dans ce pays.

IX

Depuis le commencement d'octobre, le mouvement insurrectionnel s'accentuait de plus en plus. Dès les premiers jours de novembre, le nombre des insurgés fut de 10,000 hommes répartis dans les Zubzis, les Banianis et la vallée de la Piva, leur base d'opération. Il est à remarquer de plus que leur armement s'était bien amélioré ; ils devaient naturellement avoir reçu de l'étranger armes et munitions par l'intermédiaire du Monténégro. Ils partaient maintenant de leur base pour aller faire des coups de main et piller les convois jusque sur le haut plateau de Gatchko, la vallée de la Piva et le cours supérieur de la Drina, jusqu'à Fotcha. Ils osaient même bloquer des forts turcs isolés. Faute d'artillerie, ils ne pouvaient cependant entreprendre aucune attaque sérieuse contre ces forts, qui n'auraient pu résister longtemps. Un peu plus tard, un

Français, qui vint se joindre à eux, leur donna l'idée d'employer la dynamite, mais sans doute il connaissait peu lui-même l'usage de cet engin de destruction, car il n'obtint aucun résultat.

Pendant les derniers jours d'octobre, Péko Pavlovitch et Sotchitza avaient concentré 5,000 hommes dans la contrée du cloître de Piva. Ils partirent de là pour investir le petit fort turc de Goranitchka situé près du village de même nom, au sud-ouest de Piva.

Trois mille insurgés occupaient en outre au sud le défilé de Duga, surveillaient la forteresse de Nickchitch et coupaient ses communications avec le nord et avec le haut plateau de Gatchko.

A Constantinople, au commencement d'octobre, Hussein-Avni-Pacha fut remplacé au ministère de la guerre par l'amiral Riza-Pacha, qui lui-même dut au bout de quelques semaines passer son portefeuille à Namik-Pacha.

Namik était fermement résolu à en finir au plus vite avec l'Herzégovine. Comme il avait une confiance très modérée dans les qualités militaires de Derwich-Pacha, il nomma Réouf-Pacha général en chef des troupes de l'Herzégovine. Il envoya en même temps à Klek une nouvelle brigade sous les ordres d'Halil-Pacha et prépara d'autres renforts pour l'avenir.

Dès son arrivée à Mostar, Réouf-Pacha apprit que Goranitchka et Nickchitch étaient cernés, que la première de ces places n'avait plus de vivres que pour peu de jours, mais que la deuxième était m'eux approvisionnée.

Il donna donc à Chefket Pacha, à Métokia, l'ordre de fournir un fort détachement et de se porter au secours de Goranitchka. Chefket-Pacha réunit auprès de Métokia 8 bataillons d'infanterie, 2 bataillons de chasseurs et 6 pièces de montagne. La plupart des bataillons avaient vu déjà leur effectif s'affaiblir sensiblement à la suite des fatigues incessantes d'inutiles expéditions, de sorte que les dix bataillons turcs étaient forts de 5,000 hommes tout au plus.

Le 9 novembre, Chefket quitta Métokia avec son petit corps expéditionnaire ; la route qu'il suivait était relativement bonne. Il bivouaqua la nuit du 9 au 10 auprès de Kasanitza, sous une pluie battante. Naturellement les insurgés ne tardèrent pas à être informés de l'approche d'une armée de secours. Péko Pavlowitch laissa seulement 2,000 hommes près de Piva devant Goranitchka, il forma avec les 3,000 insurgés devenus disponibles un corps d'observation, qui prit position sur les hauteurs très boisées de Biêla-Dolina, au sud du village de Smertchka. En même temps, il informa de l'approche de Chefket les troupes insurgées qui bloquaient Nickchitch ; il en détacha 3,000 hommes, qui, sous les ordres de Gruitch se portèrent vers l'issue septentrionale du défilé de Duga à Golia.

Il est certain que d'après la direction qu'il avait prise au début, Chefket pouvait se porter aussi facilement sur Nickchitch que sur Goranitchka. S'il prenait la première de ces deux directions, il se heurtait de front à Gruitch qui partait de Golia, en admettant que ce dernier arrivât à temps. C'était là le point difficile car il y a plus de 23 kilomètres à vol d'oiseau de l'issue méridionale du défilé de Duga à Biéla Dolina, et 20 kilomètres à peine de Métokia à Biéla Dolina. De plus, les Herzégoviniens n'avaient pas de télégraphe à leur disposition, et Péko ne pouvait correspondre avec Gruitch que par les courriers à pied.

En général, les Turcs ont trouvé excellentes, au point de vue militaire, les dispositions prises par les insurgés. Peko Pavlovitch en particulier fit preuve de qualités militaires très sérieuses et se montra sur ce point infiniment supérieur à Liubibratitch, le seul qui osât lui disputer le premier rang. Péko finit par triompher de son rival et avec raison. Néanmoins il ne faut pas oublier qu'en sa qualité de Monténégrin, il était soutenu à Cettinye, où le Panserbe Liubibratich démocrate socialiste n'était pas très populaire.

Le 10 novembre au matin, Chefket-Pacha abandonna son mauvais bivouac et marcha sur Biéla-Dolina. Il s'y heurta à la position de Péko ; ses canons de montagne furent mis en batterie et ouvrirent le feu. Les insurgés restèrent immobiles sur leurs positions, dont les Turcs ignoraient du reste l'emplacement exact. Le feu de l'artillerie turque ne produisit aucun effet.

Après avoir continué jusqu'à midi la canonnade, Chefket fit monter à l'assaut son infanterie. Une effroyable mêlée eut alors lieu sur la lisière des bois. L'avantage resta aux Turcs. Gruitch n'avait pas paru.

Les insurgés se retirèrent sur les pentes du massif de Leberchnick auquel s'appuie la Biéla Dolina, qui est une espèce de terrasse d'accès facile ; là ils allumèrent un grand nombre de feux de bivouac ; du reste le bois ne leur manquait pas. Ces feux, outre la destination habituelle de tout feu de bivouac, devaient induire les Turcs en erreur sur le nombre de leurs ennemis et ils devaient surtout servir de signaux pour Gruitch. Ce dernier comprit l'avis qui lui était adressé ; il partit avec 2,000 hommes et après une marche pénible il arriva au camp de Péko dans la nuit du 10 novembre.

Du 10 au 11 novembre les troupes de Chefket-Pacha campèrent sur les positions conquises. Les Turcs avaient été complètement épuisés par le combat. Ils étaient déjà dès leur arrivée fatigués par une mauvaise nuit passée au bivouac de Kasanitza. Ils ne furent pas plus heureux à Biéla, où ils furent toute la nuit tenus en éveil par les feux des bivouacs ennemis et par les nombreuses patrouilles des insurgés qui venaient constamment les harceler.

Enfin le jour arriva ; le soleil se lève tard en novembre. Le 11 novembre, vers huit heures du matin, Chefket se mit en marche pour franchir à Smertchka le col du Leberchnik, espérant débloquer Goranitchka. Il y avait une demi-heure à peine que sa colonne était en marche, quand elle se heurta sur la nouvelle position des insurgés. Ces derniers entamèrent la lutte avec beaucoup de vigueur; les bandes de Gruitch, qui n'avaient fait que marcher les jours précédents et qui venaient de se reposer pendant toute une nuit, se firent surtout remarquer; elles prirent l'offensive partout où il fut possible de le faire.

Les insurgés, établis dans une position avantageuse, sentaient bien qu'ils avaient sur leurs adversaires une supériorité matérielle et morale. Les Turcs, malgré leur fatigue, firent preuve de beaucoup de bravoure. Des deux côtés, on lutta avec courage et acharnement. Les pertes des insurgés dans cette journée furent de 450 hommes environ, les pertes des Turcs furent beaucoup plus sérieuses.

Dans tous les cas, Chefket dut renoncer à percer la ligne ennemie, il se retira le soir dans son bivouac qu'il avait abandonné le matin. Puis le 12 novembre, il battit en retraite sur Métokia *sans avoir débloqué Goranitchka.*

Si le fort de Goranitchka n'était pas ravitaillé, il allait être forcé de se rendre. Réouf-Pacha, très mécontent du résultat de l'expédition de Chefket, se rendit en personne à Métokia. Il y réunit 12,000 hommes et 12 canons de montagne, et prit lui-même le commandement pour essayer à son tour de dégager Goranitchka. Le 24 novembre, il divisa sa petite armée en plusieurs colonnes qu'il fit marcher contre le couvent de Piva.

Les insurgés avaient peut-être été un peu grisés par leur récent succès; ils croyaient n'avoir plus à craindre de longtemps de tentatives contre Piva, d'autant plus que l'hiver devenait très rigoureux. En outre la division s'était mise chez eux par suite des rivalités existant entre les différents chefs de bande.

Ils furent donc complètement surpris par l'expédition de Réouf. Se trouvant dans l'impossibilité de réunir aussitôt des forces capables de tenir tête aux Turcs, ils reculèrent partout devant leurs ennemis; cette mesure leur sembla plus sage. Cette fois Réouf atteignit sans coup férir le cloître de Piva et ravitailla Goranitchka. Tandis qu'il se retirait sur Métokia, son arrière-garde fut attaquée à plusieurs reprises par les insurgés, qui ne manquèrent pas de couper la tête à plusieurs Turcs. C'est là une coutume que l'on trouve barbare en Europe, mais les Turcs, les Herzégoviniens et les Monténégrins considèrent la tête d'un ennemi comme le plus glorieux des trophées.

X

Réouf-Pacha était à peine de retour à Métokia,
qu'il reçut une grave nouvelle ; des bandes d'insurgés étaient sorties du massif de Bania dans l'intention de piller un village habité par des Mahométans,
Bilana près de Bilek. C'étaient alors les premiers
jours de décembre, Réouf dirigea aussitôt 10 bataillons de Métokia sur Bilana et il les suivit avec
la réserve dont il prit le commandement.

Quand l'avant-garde de la colonne turque arriva
à Bilana, les insurgés avaient déjà pénétré dans le
village et luttaient contre les habitants. Les troupes
turques repoussèrent sans peine les insurgés qui
étaient les plus faibles numériquement ; le jour
suivant ces derniers furent encore attaqués par les
Turcs renforcés de la réserve de Réouf ; ils bat-
tirent en retraite dans le massif de Bania.

Pendant que Réouf marchait sur Bilek, il envoyait au général de brigade Sélim-Pacha l'ordre de forcer la passe de Duga par le nord vers Krstatch pour ravitailler Nikchitch; Sélim-Pacha fit dans cette direction plusieurs tentatives qui échouèrent toutes.

Nikchitch se trouvait donc réduite aux dernières extrémités. Réouf imagina alors la combinaison suivante : il se porterait de sa personne à travers les Banianis et forcerait l'extrémité sud de la passe de Duga pendant que Sélim renouvellerait ses attaques contre l'issue septentrionale.

Ce plan réussit, mais le succès fut chèrement payé : Péko Pavlovitch nommé voïvode de l'Herzégovine, était maintenant sans contestation à la tête des insurgés ; il avait fini par l'emporter tellement sur Liubibratich que ce dernier croyait devoir pour le moment renoncer à toute prétention.

Le ravitaillement de Nikchitch avait donc pu s'effectuer malgré les grandes difficultés occasionnées par le climat. Les opérations cessèrent depuis le milieu de décembre 1875 jusqu'en mars 1876. L'hiver était rigoureux, ie vent glacial du nord soufflait et les montagnes rocailleuses de l'Herzégovine étaient couvertes de neige.

Les insurgés allaient demander une protection contre le mauvais temps aux misérables cabanes des Zubzis, des Banianis, du Kolachin et d'une partie de la Rascie; quelquefois même ils devaient se réfugier dans des cavernes. Néanmoins, grâce à la sympathie de la population de ces contrées, ils ne manquaient de rien; ils étaient même plus favorisés que les Turcs qui, retirés dans leurs soi-disant quartiers d'hiver, vivaient dans de sombres et humides blockhaus, ou bien dans des casernes malpropres infestées de vermine.

Au commencement de décembre, la Porte crut devoir faire de l'Herzégovine et de la Rascie un vilayet spécial, distinct du vilayet de Bosnie. Ali-Pacha fut nommé gouverneur de l'Herzégovine, on lui adjoignit hypocritement comme conseiller supérieur Constant Effendi, un chrétien !

Réouf-Pacha, dont la santé laissait beaucoup à désirer, ayant surtout souffert dans les dernières opérations, demanda son rappel. On nomma à sa place Mouktar-Pacha. Mouktar est fils d'Abdul-Medjid et neveu du sultan Abdul-Aziz. Le 1er janvier 1876, il vint à Klek et de là se rendit directement à Trébinie où il établit son quartier général.

Le nouveau gouverneur trouva son vilayet dans une assez piteuse situation. Depuis le mois d'août 1875, 30,000 hommes au moins avaient été envoyés de Bosnie et de Constantinople en Herzégovine. Il en restait à peine 15,000 encore valides, beaucoup de bataillons étaient réduits à 300 ou 350 hommes; les compagnies n'étaient que de 40 hommes environ.

Le train et le service de santé faisaient complètement défaut. L'argent lui-même, qui aurait permis de combler cette lacune, manquait également.

Mouktar-Pacha se trouvait donc contraint à l'inaction. Il s'occupa cependant, jusqu'au milieu de janvier 1876, du ravitaillement des différents postes turcs, partout où il put le faire sans être inquiété par les insurgés.

Un calme apparent régna dans l'Herzégovine et la Bosnie jusqu'à la fin de février 1876. Les deux partis semblaient assoupis par le froid de l'hiver.

XI

Maintenant que la nature met momentanément un terme aux opérations militaires, nous allons voir rapidement à quelles négociations diplomatiques donna lieu l'insurrection.

Quand l'Herzégovine se souleva, personne ne put se méprendre sur la gravité de ce mouvement. Trois puissances entre lesquelles un rapprochement s'était opéré depuis 1872, l'Allemagne, l'Autriche et la Russie entamèrent aussitôt des pourparlers.

Ces puissances furent toutes trois d'avis qu'il était inopportun de donner immédiatement une solution définitive à la question d'Orient. Par suite, au commencement d'août 1855, elles engagèrent la Sublime Porte à écraser par la force l'insurrection herzégovienne et lui souhaitèrent en même temps un prochain et brillant triomphe. Les trois empereurs voulaient en outre user de leur influence pour empêcher la Serbie et le Monténégro de prendre part à la lutte. L'Autriche prit ses dispositions en Dalmatie et sur le territoire des anciens Confins Militaires pour surveiller sa frontière et recueillir les nombreux fugitifs qui ne tarderaient pas à arriver de l'Herzégovine et de la Bosnie.

Les événements militaires, que nous avons racontés dans les chapitres précédents, prouvent bien que le conseil donné aux Turcs était peut-être difficile à mettre en pratique.

Lorsqu'enfin l'insurrection éclata en Bosnie, des envoyés des trois puissances vinrent à Constantinople le 18 août offrir au nom des pays qu'ils représentaient un arbitrage, qui mît fin à la lutte; mais ils firent en même temps remarquer à la Porte que, pour pacifier complètement les provinces soulevées, il fallait donner aux sujets chrétiens des garanties sérieuses. La Porte déclina purement et simplement les offres qui lui étaient faites; l'Allemagne, l'Autriche et la Russie avaient, pendant ces pourparlers, fait part à la France, à l'Angleterre et à l'Italie des négociations déjà entreprises: la France et l'Italie n'hésitèrent pas à se joindre aux trois grandes puissances orientales.

Le 22 août, les propositions et offres déjà faites furent renouvelées à la Porte, mais cette fois dans des termes plus catégoriques par des envoyés des cinq grandes puissances. Voici ce qu'on proposait à la Turquie : les consuls des puissances européennes, résidant dans les provinces soulevées, se rendraient sur le théâtre de l'insurrection, se mettraient en rapport avec les chefs de bandes et leur feraient entendre qu'il n'y avait pas à compter sur une intervention armée des grandes puissances. Ces dernières. se déclareraient prêtes néanmoins à appuyer moralement auprès de la Porte leurs légitimes réclamations; les insurgés traiteraient directement avec des commissaires de la Porte pour obtenir une trêve.

La Porte fit bon accueil à ces propositions, bien convaincue à l'avance que tant de négociations n'aboutiraient à aucun résultat pratique. C'était aussi l'avis de tous les gens intelligents en Europe. Server-Pacha fut nommé commissaire spécial de la Turquie pour les négociations avec les chefs d'insurgés. Il vint le 23 août à Mostar pour s'aboucher avec eux : les consuls des puissances européennes devaient s'y trouver à la même époque. Ces derniers n'arrivèrent qu'au commencement de septembre ; quant aux chefs d'insurgés, ils ne parurent pas. Nous avons déjà mentionné, en faisant le récit des opérations militaires, l'assemblée tenue au couvent de Kosiérowo. Les chefs, qui s'y réunirent, prirent le parti d'adopter la politique suivante : écouter les propositions des consuls, mais faire remarquer à ces derniers qu'ils ne pouvaient prendre de détermination sans l'assentiment de leurs adhérents.

Dans tous les cas, les chefs de l'insurrection se défiaient beaucoup du rendez-vous que la Porte leur donnait à Mostar. Il est bien en effet dans les mœurs turques de convoquer les chefs ennemis sous le prétexte de pacifiques négociations, et de profiter de leur réunion pour les mettre tous à mort, probablement dans le but d'abréger lesdites négociations.

Les consuls européens imaginèrent alors d'aller les chercher dans les montagnes : ils se partagèrent en deux groupes : le premier, résidant éventuellement à Mostar se composait des consuls de Russie, de France et d'Angleterre (cette dernière puissance avait fini par se joindre aux autres nations); le deuxième groupe, qui vint à Trébinie, comprenait les consuls d'Allemagne, d'Autriche-Hongrie et d'Italie. Server-Pacha devait, suivant les nécessités du moment, visiter l'un ou l'autre de ces groupes.

Les agents consulaires eurent alors à plusieurs reprises avec les chefs d'insurgés des pourparlers qui n'aboutirent à aucun résultat. Les insurgés demandaient avant tout une trève, de plus ils n'acceptaient l'intervention d'aucun ministre plénipotentiaire turc dans leurs négociations avec les consuls.

Les agents consulaires des puissances durent se retirer sans avoir pu expliquer leur programme. L'avis des grands états européens fut alors, comme aujourd'hui, *qu'il valait mieux éviter avec soin toute immixtion dans les affaires de la Turquie*, à laquelle l'Europe prêtait un appui moral dans la répression de l'insurrection. L'Angleterre surtout était d'avis qu'on n'aurait su traiter la Turquie avec assez de formes.

Suivant Montesquieu, quand un gouvernement adopte une politique fourbe, injuste et déloyale, les autres gouvernements devraient le punir en cessant avec lui toute relation amicale. Depuis longtemps à notre avis, les puissances de l'Europe civilisée auraient eu des motifs d'appliquer à la Turquie le précepte de Montesquieu. Car depuis 1856 vingt années se sont écoulées, et la Turquie n'a pas tenu une seule des promesses qu'elle avait faites pour être admise dans le concert européen, tandis que l'Europe prêtait à la Turquie un appui moral sérieux par de nombreux emprunts.

Malgré tout, les diplomates européens font preuve envers les Turcs d'une longanimité qui trouverait ailleurs un meilleur emploi.

A la fin de septembre, les consuls n'ayant pu rien faire rentrèrent de Trébinie et de Névesinie à Mostar, où ils furent maintenus par leurs gouvernements pour y attendre les événements. En même temps Server-Pacha recevait de la Sublime Porte les instructions suivantes : il devrait écouter poliment les communications et les propositions, qui pourraient lui être faites par les consuls, mais ne prendre aucune détermination qui pût engager, même en apparence, la Turquie.

XII

Toutes les fois que la Sublime Porte craint d'indisposer la diplomatie européenne, elle convoque une assemblée qui édicte des firmans pleins des sentences les plus sages et de bonnes résolutions semblables à celles dont l'enfer est pavé. Le résultat de cette petite comédie est toujours de donner le change à l'Europe; le tour est joué, et tout va pour le mieux, c'est-à-dire que l'Europe ne persiste pas dans ses défiances.

C'est ainsi que, le 2 octobre, il parut un iradeh assurant aux paysans paisibles la protection de la Porte et les dégrevant de leurs impôts : on leur laissait entrevoir en même temps la possibilité d'avoir une représentation parlementaire à la Beust, qui porterait leurs vœux jusqu'au trône du sultan.

Immédiatement après, le 6 octobre, la banqueroute

de la Porte était officiellement déclarée. Les créanciers de l'empire ottoman devaient, au dire des Turcs, ne recevoir pendant cinq ans que la moitié de leurs revenus en argent comptant ; à la place de l'autre moitié ils recevraient des titres nouveaux rapportant eux-mêmes un certain intérêt. Les Européens les plus incrédules finirent alors par comprendre que ce délai de cinq années, pendant lesquelles la Porte ne pouvait payer intégralement le revenu de ses emprunts, pourrait bien être plus long, et que le nouveau papier, bien que donnant un revenu, n'avait aucune valeur ; enfin on ne pouvait trop compter sur le paiement intégral même de la moitié des revenus. L'expérience a bien prouvé combien ces suppositions étaient fondées.

On vit alors toute la vérité de cette parole prononcée par un homme plein d'expérience, Hansemann : « dans les affaires d'argent ne faites pas de sentiment. »

C'est de ce fatal 6 octobre que date l'évolution accomplie dans l'opinion publique : l'Europe libérale se montra hostile aux Turcs qui ne trouvèrent plus guère de partisans. Quelques Juifs autrichiens et M. Disraëli continuèrent à leur accorder un peu de confiance ainsi que le Vatican.

La Sublime Porte garda une attitude très calme. Le 15 octobre paraissait un *« tansimat »* décrétant l'abolition d'une foule d'abus en Bosnie et en Herzégovine ; mais une note jointe au décret en remettait l'exécution à une époque indéterminée.

Il venait de Constantinople une véritable grêle de notes, manifestes et proclamations sous tous les titres. Ce serait soumettre à une désagréable épreuve la patience de nos lecteurs que de mentionner ces documents, qui avaient moins de valeur encore que le papier sur lequel ils étaient écrits. Nous nous bornerons à citer ceux qui joueront plus tard un rôle dans les négociations diplomatiques entamées avec les puissances européennes.

XIII

INTERVENTION DIPLOMATIQUES DES PUISSANCES.
NOTE ANDRASSY

C'est donc sans aucun succès qu'on avait tenté par la médiation de consuls européens d'apaiser le différend survenu dans la péninsule. L'Allemagne, l'Autriche et la Russie recommencèrent alors leurs pourparlers. Les trois puissances prétendaient maintenir le statu quo en Turquie et rétablir, si c'était possible, la paix dans la péninsule, sans cependant fermer l'oreille aux légitimes réclamations des sujets chrétiens de la Porte. Or nous avons vu déjà combien sont différents en Orient les intérêts de l'Allemagne, de l'Autriche et de la Russie ; nous ne reviendrons pas sur ce que nous avons dit. En dépit de leurs intérêts, les peuples sont quelquefois rapprochés par le caprice de leurs souverains; mais ce rapprochement n'est que momentané et l'intérêt des peuples finit toujours par reprendre le dessus en politique. Ce fut l'Autriche cette fois, qui, sur la proposition de la Russie, dut prendre l'initiative pour de nouvelles négociations. Au commencement de novembre, *la note Andrassy* parut : c'était le résultat des nouvelles combinaisons. Cette note, appuyée par toutes les grandes puissances européennes, devait être soumise à la Porte ; la France, l'Angleterre et l'Italie en ayant pris connaissance approuvèrent ses dispositions. De fait on devait longtemps encore tarder à présenter cette note à la puissance intéressée. La Porte recommençait alors quelques-unes de ces manœuvres, qui réussissent si bien ordinairement à amuser la diplomatie européenne. Le ministre des affaires étrangères, Réchid-Pacha, disait aux cabinets européens que sans aucun doute la Bosnie et l'Herzégovine seraient très prochainement pacifiées, mais que des difficultés pouvaient être suscitées par le Monténégro et la Serbie, qui faisaient des armements considérables et concentraient des troupes sur leurs frontières. On répondait alors à Réchid que la Turquie elle-même avait commencé par envoyer des troupes sur les frontières serbe et monténégrine ; fallait-il s'étonner maintenant de la défiance de ces deux petits états ? Les grandes puissances garantissaient du reste que la Serbie et le Monténégro observeraient une absolue neutralité, tant que la Turquie ne les attaquerait pas.

Réchid demanda alors aux puissances de différer encore la communication officielle à la Porte de la note Andrassy. Cette démarche, disait-il, était tout à-fait inopportune dans les circonstances présentes : les insurgés, croyant avoir pour eux l'Europe, recommenceraient à lutter avec plus d'énergie que jamais.

Les Puissances promirent alors d'attendre quelque temps encore. Après avoir obtenu ce résultat, le sultan fit paraître « *de sa propre initiative* » un firman daté du 12 décembre, par lequel il promettait d'accomplir presque toutes les réformes demandées dans la note Andrassy.

Il y avait eu jusqu'à ce moment en Europe un parti très nombreux toujours prêt à applaudir à ces manifestations de la Porte, à blâmer le reste de l'Europe et à célébrer sur tous les tons l'heureuse existence que le sultan allait octroyer à ses sujets ; cette fois, le firman du 12 décembre fut accueilli sans enthousiasme, même par les anciens amis de la Porte ; il fut question d'exiger des garanties, et même on en vint à croire que, pour assurer l'exécution des clauses du firman, une surveillance active des Puissances européennes serait indispensable.

A défaut d'autre résultat, la Porte réussit tout au moins à faire repousser la note Andrassy, car le firman répondait en partie aux désidérata qui y étaient exprimés. La note devait être non pas rejetée mais modifiée de manière à répondre à l'iradeh, et le changement apporté dans le texte devait être soumis par l'Autriche à l'approbation des cinq autres Puissances européennes.

XIV

Le 31 janvier 1876, le comte Zichy, ambassadeur
de l'Autriche à Constantinople, put enfin remettre à
Réchid-Pacha le texte modifié de la note Andrassy.
Le même jour, les ambassadeurs d'Angleterre, d'Allemagne, d'Italie et de Russie déclarèrent que leurs
gouvernements soutiendraient sur tous les points les
propositions de l'Autriche.

La note Andrassy résumait d'abord les démarches
faites par les Puissances européennes pour rétablir
promptement la paix dans la péninsule des Balkans ;
elle insistait ensuite sur ce point, que les puissances
s'étaient efforcées d'éviter toute immixtion, même
apparente, dans les affaires de la Turquie. Puis, les
iradehs et firmans du 2 octobre et du 12 décembre
1875 y étaient analysés, et on reconnaissait que si
les pro...esses, qu'ils contenaient, étaient mises à

exécution, les sujets chrétiens de la Porte n'auraient nullement lieu de se plaindre ; mais le mode d'exécution de tous ces engagements devait être précisé davantage. La note énumérait encore les justes réclamations des chrétiens de la Bosnie et de l'Herzégovine, rappelait la dure condition qui leur était faite jusqu'alors et résumait enfin les réformes nécessaires pour rétablir la paix dans les provinces insurgées :

1° Pleine et entière liberté de religion ;

2° Suppression du fermage des impôts ;

3° La promesse, sanctionnée par une loi, que le revenu des impôts directs prélevés en Bosnie et en Herzégovine serait consacré aux dépenses de la province et qu'un conseil institué selon l'esprit du firman du 12 décembre contrôlerait l'emploi de ce budget ;

4° Institution d'une assemblée composée en nombre égal de chrétiens et de musulmans, pour veiller à la mise à exécution des réformes proposées par les puissances, et contenues du reste dans l'iradeh du 2 octobre et le firman du 12 décembre ;

5° Amélioration progressive de la situation économique du pays dans le plus bref délai possible.

En ce qui concerne le quatrième article, la note mentionnait le peu de confiance que manifestaient les insurgés dans les promesses de la Porte ; et si leur exécution était confiée aux autorités ordinaires, les chrétiens étaient parfaitement convaincus d'avance qu'on s'en tiendrait à d'inutiles paroles. Il était donc indispensable que le contrôle fût fait par une assemblée, où les intéressés seraient représentés d'après le mode d'élection que décréterait la Porte.

Le comte Zichy ajoutait enfin en remettant la note, qu'indépendamment des conditions énumérées ci-dessus et considérées comme plus particulièrement indispensables, il faudrait encore accorder à la Bosnie et à l'Herzégovine les réformes suivantes extraites du reste du dernier firman :

Un conseil provincial et des tribunaux élus au suffrage libre des habitants;

L'inamovibilité des juges;

La justice laïque;

La liberté pour tous;

La suppression des exactions de tout genre;

La réforme de la police, dont les méfaits avaient amené tant de réclamations;

La cessation des abus commis sous le prétexte de travaux d'utilité publique à accomplir;

La fixation à un taux raisonnable de l'impôt prélevé pour la libération du service militaire;

Garanties données à la propriété foncière.

Les puissances priaient la Porte de leur communiquer sur ces différents points une réponse, dont elles prendraient acte solennellement; elles pensaient que le meilleur moyen de pacifier les provinces insurgées serait de les faire participer aux avantages accordés par le dernier firman, qui n'avait pas été édicté pour elles.

La note fait ensuite remarquer que d'un côté les promesses tout à fait indéterminées articulées dans les actes officiels du 2 octobre et du 12 décembre pouvaient faire naître des espérances qui ne seraient pas réalisées, et d'autre part, que la Porte n'avait pas réussi à réprimer l'insurrection par les armes. D'après cela, les sujets chrétiens de la Turquie étaient persuadés que les insurgés recevraient au printemps de nouveaux renforts, qu'en Bulgarie et en Crète, les chrétiens prendraient les armes; enfin il leur semblait peu probable que les gouvernements de la Serbie et du Monténégro résistassent plus longtemps à leurs peuples, qui les pressaient de déclarer la guerre.

Les puissances européennes qui voulaient éviter une conflagration générale se trouvaient donc en face d'une situation extrêmement compliquée. Il leur était possible d'affirmer, par une déclaration solennelle, leur intention de mettre fin à un mouvement, qui pouvait s'étendre dans tout l'Orient. Mais, pour qu'une semblable déclaration eût quelque effet, il était absolument nécessaire, étant donnée la méfiance des chrétiens à l'égard de la Porte, que les réformes projetées fussent parfaitement déterminées et que la Porte s'engageât immédiatement vis-à-vis des puissances à les mettre à exécution.

C'était là le moins que pouvait faire la Porte, et c'était encore insuffisant pour donner satisfaction aux populations chrétiennes de la Turquie.

Le 5 février 1876, Réchid-Pacha apprit par communication verbale aux ambassadeurs des grandes puissances, qu'un nouveau firman de réforme allait être promulgué pour la Bosnie et l'Herzégovine. On prit prétexte d'une indisposition du sultan Abdul-Aziz pour traîner l'affaire en longueur. Enfin, le 20 février, Réchid-Pacha adressait au comte Zichy une réponse écrite à la note Andrassy : la Porte, constatant les excellentes dispositions des puissances, s'engageait à effectuer immédiatement les réformes promises dans les quatre premiers articles de la note et à donner satisfaction sur le cinquième article, aussitôt qu'on pourrait le faire.

En conséquence un nouvel iradeh paraissait à la date du 15 moharrem 1293 (11 février 1876). Voici les promesses qui étaient faites à la Bosnie et à l'Herzégovine : la liberté d'exercice pour les cultes non musulmans, — les impôts ne seraient plus affermés mais prélevés directement, — les terrains libres appartenant à l'état seraient distribués aux cultivateurs indigents, quelle que fût leur religion, et toutes facilités seraient données pour le paiement aux acquéreurs de ces terrains; — les sujets chrétiens auraient les mêmes droits que les mahométans pour l'acquisition, la vente et l'échange des propriétés foncières; — dans chacun des vilayets insurgés, une commission composée en nombre égal de notables chrétiens et musulmans serait élue par le peuple; elle aurait pour mission de contrôler la mise à exécution de ces différentes réformes et de limiter la puissance des valis (gouverneurs de la province); — une partie du revenu des impôts prélevés dans la province serait dépensée en travaux d'utilité publique. La commission du contrôle, ci-dessus mentionnée, arrêterait chaque année le chiffre des dépenses; ses décisions seraient soumises à l'approbation du sultan.

« Telles sont les faveurs que Sa Majesté le sultan, dans sa sollicitude toute paternelle, octroie à ceux de ses sujets qui, après avoir été égarés par de mauvais conseils, rentreront dans la soumission. Il leur sera accordé une amnistie générale. » Les insurgés allaient-ils se laisser prendre par l'expression de ces sentiments pseu lo-paternels? Avaient-ils déjà oublié les meurtres de Popovopolie?

Au fond, la Porte elle-même n'y croyait guère; elle n'a jamais regardé à un iradeh de plus ou de moins; les iradehs se valent tous et si les puissances européennes prenaient pour base dans leur conduite la conscience et le bon sens, elles devraient mettre au panier, sans aucune distinction, les iradehs de toute sorte.

Mais, faute d'entente, tous les documents élaborés par les Turcs sont pris au sérieux et entassés dans les archives.

Pendant qu'elle négociait avec l'Europe, la Porte envoyait Ali-Pacha, vali de l'Herzégovine, à Cettinye pour gagner par mille promesses le prince Nicolas de Monténégro et peut-être même le décider à prendre les armes contre les insurgés. En un mot, c'était demander au prince Nicolas d'oublier la sympathie qu'il avait toujours professée pour ses frères les Serbes, et d'oublier aussi qu'il était chrétien; toutes ces intrigues n'aboutirent à aucun résultat. Quelques mauvaises langues ont prétendu, il est vrai, que la Turquie avait offert trop peu, et que suivant son habitude, elle n'avait appuyé ses offres sur aucune garantie sérieuse.

X V

Le 9 février, les consuls européens, qui résidaient toujours à Mostar, recevaient de leurs gouvernements l'ordre de s'aboucher avec les insurgés pour leur faire accepter les propositions contenues dans la note Andrassy, comme gage du rétablissement de la paix.

Mais les insurgés ne voulurent rien entendre ; ils déclarèrent qu'ils ne comprenaient rien dans toutes ces intrigues diplomatiques ; le 26 février, un grand nombre de leurs chefs s'assemblèrent dans la Suttorina et lancèrent un grand manifeste. Les signataires de ce document étaient le wojewode Lazar Sochitza, l'archimandrite Melentii, Luka Pavlovitch, le pope Bogdan et Stembovitch.

Dans leur manifeste, ils déplorent la malheureuse désunion, qui sépare tant de membres de la grande

famille serbe ; si seulement les Serbes avaient
pour roi un descendant de l'immortel Karagiorgie
ou encore un Miloch Obrenovitch, ils pourraient au
moins se porter par le plus court chemin au secours
de la Bosnie et de l'Herzégovine. « Mais, hélas ! le
prince Miloch est mort ! » — Les projets de réformes élucubrés par certains cabinets européens,
ajoutaient les auteurs du manifeste, étaient incom-
préhensibles et ne pouvaient être mis à exécution ;
les insurgés ne réclament que la liberté et l'indépendance. Ils expriment toute leur gratitude envers
l'Autriche pour le bon accueil qu'elle a bien voulu
faire aux Herzégoviniens qui s'étaient réfugiés
chez elle, envers Garibaldi pour ses conseils tout
paternels, envers l'Angleterre, qui semble professer
un peu moins de sympathie pour les Turcs. Ils
comparent ensuite l'attitude de la Serbie à celle du
Monténégro : tandis que le Monténégro manifeste la
plus ardente sympathie pour les frères de l'Herzégovine, la Serbie reste impassible. Ces deux pays
manquent encore dans les rangs des ennemis de la
Turquie, où leur place est marquée. « Nous ne
sommes pas des diplomates, disent les manifes-
tants, mais des combattants et la presse européenne
a raison de dire que notre rôle est de continuer à
combattre, à brûler et à vaincre. Nous ne pouvons
mettre bas les armes tant qu'on ne nous aura pas
accordé une situation indépendante, comme celle
qui est faite au Monténégro. Nous espérons que la
Russie, cette grande et glorieuse nation, sauvera la

liberté slavo-serbe ; oui, nous sommes certains de ne pas être trompés dans notre attente. — Maintenant ou jamais ! Si la Russie éprouve pour nous les sentiments qu'elle manifeste, qu'elle nous aide dans nos revendications ! Si le réveil de notre nation doit être son œuvre, nous accepterons le salut qui nous viendra d'elle. Du reste, nous ne repoussons l'aide d'aucune puissance européenne, nous comptons sur leur appui ; nous espérons surtout que la Prusse si glorieuse et fière voudra bien nous accorder son amitié et sa protection. »

Le langage de ce manifeste était un refus formel d'entrer en pourparlers avec les Turcs, ces gens sans parole, sans bonne foi et sans force ! En même temps les opérations militaires, que nous allons du reste décrire, reprirent de plus belle.

Malgré cela, des négociations de toutes sortes eurent encore lieu en mars et jusqu'aux derniers jours d'avril ; nous allons les résumer rapidement.

L'iradeh de réforme du 11 février fut publié le 12 mars en Bosnie et en Herzégovine.

En même temps, le général Rodich, gouverneur autrichien de la Dalmatie, entra en relations à Raguse avec Ali-Pacha et Mouktar-Pacha, puis à Castelnuovo, dans la Suttorina, avec les chefs d'insurgés. Il paraissait en effet nécessaire pour que les réformes pussent recevoir un commencement d'exécution, qu'une trève fût acceptée par les belligérants. Mais toute entente à ce sujet fut impossible. Les Turcs, Mouktar surtout, n'auraient accepté un ar-

nistice que pour en tirer quelque avantage en vue
d'opérations ultérieures. Mouktar demandait que
Nikchitch fût momentanément ravitaillée par le
Monténégro. Moyennant cette condition, il s'engageait à interrompre toute action militaire depuis la
fin de mars jusqu'au 10 avril. Rodich promit d'employer son influence auprès du Monténégro pour
faire accepter cette condition ; et de fait Nickchitch
fut réapprovisionnée pendant quelque temps par le
Monténégro, mais tout à fait au jour le jour.

Les chefs insurgés disaient : à quoi bon une trève
de quelques semaines ? S'imagine-t-on que les
Turcs, qui en vingt ans n'ont pas trouvé le temps
de remplir leurs promesses de 1856, seraient capables aujourd'hui d'effectuer tout d'un coup, en quelques jours, les réformes qu'ils viennent de promettre ? Et surtout sauraient-ils en si peu de temps
marcher assez avant dans cette voie nouvelle, pour
que les progrès immédiatement réalisés pussent
rassurer les insurgés sur l'avenir ?

Les chefs de l'insurrection eurent avec le général
Rodich une entrevue très importante le 6 avril. Le
jour précédent ils avaient aussi conféré avec
M. Vesselitzki-Bogdanovitch. Ce dernier, herzégovinien d'origine, était déterminé par sa sympathie
pour les Serbes ses frères à se mettre à leur service ; du reste il se présentait comme agent de
Gortchakoff, le chancelier de l'empire russe.

C'est en cette dernière qualité, que M. Vesselitzki-Bogdanovitch conseilla aux insurgés d'ac-

cepter une paix basée sur la note Andrassy. Il les engageait aussi à compter sur le secours de l'Europe, s'ils suivaient cette voie. Le négociateur pouvait en outre causer librement avec eux, qui comme lui appartenaient à la grande famille serbe ; en son propre nom, sans aucun caractère officiel, il pouvait discuter avec eux sur les questions qui les intéressaient.

Les insurgés, peu confiants dans le résultat de négociations qu'ils traitaient de « chaos diplomatique », formulèrent le 5 avril les exigences suivantes :

1° Ils demandaient d'abord, comme garantie du maintien de l'armistice, que toutes les troupes turques résidant sur le territoire de l'Herzégovine fussent rassemblées dans six places fortes ; en dehors de ces forteresses, les chrétiens auraient, au même titre que les musulmans, le droit de porter des armes ;

2° La Porte devrait créer des magasins de vivres pour nourrir le peuple jusqu'à la moisson prochaine, puisque tout était dévasté par la guerre et que les insurgés, qui auraient pu revenir de Dalmatie et du Monténégro seraient morts de faim ;

3° Suppression complète des impôts pendant trois ans ;

4° On devrait restituer aux chrétiens un tiers des biens confisqués à l'époque de la conquête ;

5° Les réformes proposées dans la note Andrassy seraient complètement mises à exécution dans les contrées non insurgées de la Bosnie. On verrait d'après cette expérience, qui serait faite immédiatement, le savoir-faire des musulmans et leur attitude en face d'une situation favorable aux chrétiens ;

6° Une commission serait instituée par les puissances pour veiller à la réalisation des promesses de la Turquie.

On reconnaîtra sans peine que les exigences des insurgés, quoique très raisonnables, ne pouvaient être admises par les Turcs. Ces derniers auraient été du reste, pour des raisons pécuniaires, dans l'impossibilité absolue d'accepter de telles conditions.

L'exigence, qui avait la portée politique la plus grande, était la dernière : l'institution d'une commission européenne. Nous ne nous fions pas aux Turcs, disaient les insurgés, nous ne croyons pas à des réformes accomplies sous leurs auspices et par leur initiative. — Nous n'avons aucune confiance dans la « commission exécutive » composée en nombre égal de musulmans et de chrétiens, élus au suffrage *libre* par le peuple. Ce sont les puissances européennes qui doivent intervenir ; elles nous donneront une garantie, la seule à laquelle nous puissions croire : la surveillance qu'elles exerceront sur les rapports des Turcs avec notre nation.

Si les puissances nommaient une commission, elles intervenaient par le fait même dans les affaires de la Turquie ; or la note Andrassy avait repoussé bien loin l'idée même d'une semblable intervention, considérée du reste en Autriche et en Angleterre comme un danger et un abus. Il pouvait cependant arriver que ce ne fût point là l'opinion des autres puissances ; or une chose est certaine, c'est que M. Vesselitzki-Bogdanovitch n'a pas donné aux insurgés cette idée d'une commission européenne, mais qu'il n'a pas essayé non plus de les faire changer d'avis.

Ce négociateur avait été accueilli comme un ami ; c'est dans les meilleurs termes qu'il prit congé des insurgés. Ces derniers, d'autre part, ne purent arriver à s'entendre avec le général Rodich. « Nous ne mettrons bas les armes, lui disaient-ils, que si les Turcs, au lieu de faire de vaines promesses, commencent à mettre à exécution les réformes annoncées et que ces faits soient faciles à constater. » Enfin, ils réclamaient le contrôle d'une commission internationale.

Rodich n'était certes pas ennemi des Serbes, mais il avait des instructions très nettes ; de plus il était médiocrement flatté d'avoir à conférer avec cette « racaille ». Il somma les chefs révoltés de mettre bas les armes, affirmant que l'Europe ne les laisserait pas sans secours. A cela les insurgés répondaient qu'ils ne pouvaient prendre au sérieux ce qu'on leur disait ; ce n'était pas la première fois qu'on abusait de leur confiance : pour les convaincre maintenant, il fallait des actes et non des paroles. Ils combattraient donc aussi longtemps qu'on ne répondrait à leurs demandes que par des promesses.

Cet excellent Rodich, voyant l'effet produit par ses sommations, s'engagea envers les insurgés à transmettre à la Porte les six articles résumant leurs revendications; il tint sa promesse et leur rendit quelques semaines plus tard cette réponse prévue, que la Porte n'accorderait satisfaction entière que sur une partie des demandes qui lui étaient adressées.

XVI

REPRISE DES OPÉRATIONS

Maintenant que nous avons résumé les négociations diplomatiques, nous allons revenir au récit des
événements militaires, en Herzégovine et en Bosnie.

La rigueur de l'hiver avait momentanément mis
un terme aux opérations et occasionné une trêve
forcée. La publication du manifeste, rédigé le 26 février par les chefs insurgés, assemblés dans la Suttorina, peut être considérée comme la dénonciation
de la trêve.

Les insurgés, bien pourvus d'armes et d'approvisionnements de toute nature, reprirent la lutte avec
une nouvelle vigueur. Or c'est à peine si, réduits à
leurs seules ressources, ils auraient pu passer l'hiver et encore moins recevoir des renforts, puisque

l'Herzégovine était dévastée et que les Monténégrins pouvaient à peine se suffire à eux-mêmes. Les secours n'avaient donc pu venir que du dehors. Les Dalmates éprouvaient en effet pour les révoltés la sympathie la plus vive et les soutenaient ouvertement, suivant leurs moyens. Les insurgés recevaient encore d'autres subsides du dehors : ces secours, qui leur parvenaient par une voie détournée, étaient envoyés par une grande puissance, la Russie ou plutôt par les sujets russes. Mais par quel chemin ces derniers pouvaient-ils diriger sur l'Herzégovine des convois d'armes, de vivres, d'argent, etc...? Personne ne pouvait le dire. Toujours est-il, que le gouvernement autrichien, observant très strictement la neutralité, ne peut être rendu responsable de ce qui se passa sur les côtes de Dalmatie ; c'est en effet dans les quelques petits ports de cette province que les Dalmates recevaient les envois adressés à leurs amis les insurgés et formaient ensuite des convois, qui franchissaient les montagnes et arrivaient en Herzégovine. Une surveillance active des frontières est très difficile en Dalmatie, par suite de l'étendue du littoral, du long développement de la frontière turque, de la forme resserrée de la Dalmatie et surtout de la sympathie que les Dalmates éprouvent pour leurs voisins. En outre, les officiers autrichiens sont-ils très bien disposés pour les Turcs? — C'est assez douteux.

Les bandes révoltées, qui en mars 1876 reprirent la campagne, étaient presque toutes armées de fusils se chargeant par la culasse de systèmes serbe, autrichien et russe.

Trois cents hommes dans les Zubzis reconnaissaient pour chef Trifko Bukalovitch; dans la contrée de Trébinie 300 hommes étaient sous les ordres de l'archimandrite Melentii; 1300 Bananiens et Rudidiniens se trouvaient naturellement sous les ordres de Péko Pavlovitch; ce dernier venait d'aller en Rascie (arrondissement de Novi-Bazar) et en avait ramené 900 hommes. Dans la contrée de Gatchko, 1000 hommes prirent pour chef le pope Bogdan Simonitch; sur les rives de la Piva et de la Tara, Lazar Sotchitza commandait une bande de 1200 hommes; Drago Abretch en commandait une autre de 350 hommes dans la contrée de Névesinie, vers le défilé de Duga. Enfin 1000 catholiques, qui ne s'étaient pas laissés influencer par les tendances politiques du Vatican favorable aux Turcs, vinrent, sous les ordres d'un curé Ivan Mussitch, grossir les rangs de l'insurrection. Ces troupes bien armées formaient un tout compact parce qu'elles appartenaient à une même race; elles étaient très disciplinées, enfin, groupées sous les ordres d'hommes très populaires, elles constituaient un corps ayant pour effectif de 6,000 à 7,000 hommes. Avant l'entrée en campagne de cette petite armée, il se produisit un épisode que nous allons raconter.

XVII

Nous avons vu que Liubibratitch avait joué un rôle important au début de l'insurrection herzégovinienne, puis qu'il avait dû céder la place à un personnage plus influent et très énergique Peko Pavlovitch. Retiré à Raguse, il avait produit une certaine agitation dans le pays, grâce à l'appui de quelques reporters de journaux. Il réussit à réunir et à organiser dans la ville et les environs de Raguse un petit corps de Serbophiles; c'étaient des Serbes, des Russes et des aventuriers italiens, polonais et français. Enfin, circonstance inévitable, une femme était également mêlée à cette aventure, c'était mademoiselle Merkus, une Hollandaise riche, entreprenante et généreuse. Le correspondant d'un grand journal lui ayant demandé si elle venait s'enrôler comme infirmière, elle rit au nez de son interlocuteur et lui dit qu'elle voulait combattre et qu'elle aimait beaucoup mieux fréquenter des Serbes pleins de force et de santé, que les soigner malades et blessés. En outre, elle avança à Liubibratitch l'argent nécessaire pour se procurer six canons rayés; mais cet argent fut employé immédiatement d'une manière plus utile quand le conseil de guerre, présidé par l'agitateur, eut exprimé l'idée que des canons serviraient peu et seraient encombrants dans l'expédition qu'on allait entreprendre.

Liubibratitch avait l'intention de soulever les districts de Liubuchka, Mostar, Konitza, qui jusqu'ici n'avaient que très faiblement pris part à la lutte; il aurait ainsi relié l'Herzégovine d'un côté à la Bosnie et de l'autre à la principauté de Serbie.

Liubibratitch, prenant comme modèle Garibaldi, arrêta les mêmes dispositions que ce dernier, quand il s'embarquait à Gênes pour la Sicile.

Les divers détachements de Serbophiles s'embarquèrent sur des points différents de la côte le dernier jour de février et vinrent atterir à l'enclave de Klek. Ceux qui venaient du point le plus éloigné n'avaient pas eu à fournir une traversée de plus de 60 kilomètres.

Dans la contrée de Klek, Liubibratitch rassembla 500 à 600 hommes, y compris les contingents fournis par le district de Liubuchka. Il se mit en marche avec sa colonne dans la contrée de Metkovitz, vers la rive droite de la Narenta (au nord), en ayant soin de longer le plus possible la frontière autrichienne;

il se dirigea d'abord sur Liubuchka. Dans les environs de cette localité, il rencontra le 5 mars une compagnie de bachi-bouzouks envoyés en reconnaissance, il la repoussa après l'avoir battue, mais il eut soin plus que jamais de ne pas s'éloigner de la frontière dalmate. Vers le 11 mars il atteignit Imoski, localité dalmate située à 40 kilomètres à peine de Liubuchka. Ce fut là que vint échouer l'expédition.

Il court à ce sujet des versions différentes : les Serbes prétendent que Liubibratitch, attiré dans le voisinage de la frontière dalmate sous prétexte de négociations par un officier autrichien d'origine hongroise, aurait été fait prisonnier *sur le sol turc*. Les Autrichiens disent qu'au contraire, en longeant de trop près la frontière dalmate, l'agitateur serbe serait à son insu passé sur le sol autrichien avec son état-major, dans lequel se trouvait naturellement mademoiselle Merkus ; il aurait donc été, selon l'usage, désarmé et interné. Les prisonniers furent dirigés d'abord sur Zara, puis sur Trieste ; ils furent sur leur passage l'objet d'enthousiastes ovations de la part des Dalmates. Liubibratitch fut ensuite interné à Brünn ; on assigna Linz comme résidence à ses compagnons, mais on ne parut pas tenir beaucoup à les y garder. Dès la fin de mars, mademoiselle Merkus arrivait à Belgrade, pour prendre cette fois du service dans l'armée serbe. Les Serbes lui firent un accueil très enthousiaste.

Le gros de la colonne de Liubibratitch n'avait pas franchi la frontière dalmate. Privée de son chef, la petite troupe se dispersa ; une partie se dirigea vers la Bosnie à travers la Rascie et la Serbie ; l'autre partie, la plus importante, vint se joindre aux insurgés dans le sud de l'Herzégovine.

XVIII

Du mois de janvier au mois de mars 1876, Mouktar-Pacha reçut encore environ 8,000 hommes de
renfort, qui débarquèrent à Klek et vinrent le rejoindre. Il disposait donc au mois de mars, alors que
la saison allait permettre la reprise des opérations,
de 22,000 combattants à peine; dans ce chiffre sont
comprises les garnisons des places fortes.

. Avec cette armée d'effectif relativement faible, il
ne pouvait songer à entreprendre une opération régulière et à porter à l'insurrection un coup décisif,
étant donnée la nature du terrain et en raison de la
tactique de ses ennemis, qui avaient pour base le
Monténégro. Il devait, obéissant à l'inspiration du
moment, aller toujours au plus pressé; or il était
urgent de ravitailler, tantôt l'une, tantôt l'autre des
places occupées par les Turcs, ainsi que les postes

fortifiés, auxquels les vivres allaient faire défaut. Du côté des Turcs, les opérations militaires se bornaient donc simplement à l'escorte des convois. Les insurgés ne pouvaient, pas plus qu'avant, assiéger régulièrement les places fortes; ils essayaient de bloquer quelques forteresses ou postes, mais sans aucun succès, car les Turcs venaient à tout moment, sur des points différents, forcer le blocus. Si par hasard, les insurgés réussissaient à s'emparer d'un petit poste, ils l'abandonnaient peu après parce qu'ils ne savaient pas s'en servir. En revanche, ils étaient constamment heureux dans les attaques par surprise de convois turcs; il était du reste de leur intérêt de pratiquer ce genre d'entreprises qui leur donnait de quoi vivre. Ils avaient alors parmi eux un militaire consommé; ce n'était pas un chef de bande, mais il jouait en quelque sorte pour toutes les bandes le rôle de chef d'état-major général. Il s'appelait M. de Monteverde; mais on prétend que son vrai nom était Popoff et qu'il était officier russe.

Au mois d'avril, il était devenu très urgent pour les Turcs de ravitailler de nouveau Nikchitch; nous avons vu que des négociations avaient eu lieu dans ce but entre Mouktar et Rodich, et qu'à l'instigation de ce dernier, le prince de Monténégro avait consenti à ravitailler jour par jour Nikchitch avec des vivres tirés de son territoire. Cela dura jusqu'au 10 avril; seulement les secours accordés aux Turcs étaient tellement insuffisants que la garnison ne pouvait rien économiser pour l'avenir. A partir du

10 avril, les insurgés coupèrent les communications de la place avec le Monténégro.

Mouktar rassembla le 12 avril vers Gatchko (Métokia) un corps de 9,000 à 10,000 hommes avec un convoi très important ; il se dirigea immédiatement sur Krstatz.

C'est à huit kilomètres de là que se trouve l'issue septentrionale du défilé de Duga. Vers cette issue, on trouve un *han* (auberge avec écurie) fortifié ; il y a encore au sud de ce han plusieurs blockhaus turcs appelés « forts », mais que les Turcs n'occupaient pas à ce moment. On trouve enfin à l'issue méridionale du défilé, à vingt kilomètres du han établi vers l'issue septentrionale, le village fortifié de Presjeka (Presiak). Ce dernier est encore à douze kilomètres de Nikchitch. Les défenses de cette place comprennent quatre soi-disant « forts », qui ne sont autre chose que des maisons entourées de cours closes avec des murs ; ces postes sont établis le long du ruisseau de Zéta ; le plus éloigné dans la direction du nord-est, au sud du village de Sipatchka, est encore à sept kilomètres de Presjeka.

Mouktar-Pacha trouva à l'entrée septentrionale du défilé de Duga des insurgés qui lui barrèrent la route. Les soldats turcs montrèrent la plus grande bravoure ; après quatre jours de combats, le 17 avril Mouktar réussit enfin avec son convoi quelque peu réduit à pénétrer dans Presjeka. Mais ses soldats étaient à bout de forces et il leur aurait été impossible de pousser jusqu'à Nikchitch. Le général turc se décida donc à laisser ses provisions en dépôt dans l'enceinte fortifiée de Presjeka et à se retirer sur Gatchko pour y concentrer de nouvelles forces. Il réussit d'abord à tromper les insurgés sur le but de sa marche rétrograde; mais bientôt ces derniers ayant pénétré ses intentions, l'attaquèrent le 18 avril et lui firent perdre presque toutes ses bêtes de somme.

Dès son retour à Gatchko, Mouktar y rassembla jusqu'au 26 avril un corps de 18,000 hommes; il prit dans les garnisons tout ce qu'il put en tirer. Le but de la nouvelle expédition était de faire entrer dans la ville assiégée les approvisionnements laissés en dépôt à Presjeka; il ne fallait pas songer à y conduire d'autres approvisionnements, maintenant qu'on n'avait plus de bêtes de somme. Tous les Turcs, officiers et soldats, portaient quatre jours de biscuit et de riz (ou de l'orge). Enfin, un troupeau de moutons accompagnait l'armée, afin que des distributions de viande pussent être faites régulièrement.

Le 27 avril les Turcs, qui jusque-là n'avaient pas rencontré d'ennemis, campèrent au sud du han (entrée septentrionale du défilé de Duga); les uns s'établirent sur les derniers contreforts du massif d'Utech, les autres au pied du même massif.

Le 28 avril, en continuant sa marche, Mouktar rencontrait l'ennemi. 5,000 Herzégoviniens s'étaient rassemblés sous les ordres de Sotchitza, de Peko Pavlovitch et du pope Simonitch; les uns étaient établis dans les positions avancées sur le massif d'Utech, les autres, postés en arrière, avaient pris position au milieu du défilé lui-même, et l'avaient barricadé. On ne pouvait songer à passer outre nulle part, même sur les hauteurs, dont l'accès était défendu par des barricades de pierres.

Le général turc lança son aile droite à l'attaque des positions avancées des insurgés établis sur les hauteurs, puis, profitant du combat engagé de ce côté, il fit marcher son aile gauche dans le défilé même, jusqu'à ce qu'elle fût arrêtée par la position ennemie. Des deux côtés on combattit avec acharnement sur les différents points. Enfin la victoire resta aux Turcs, qui avaient sur leurs adversaires une supériorité numérique marquée ; le 28 avril au soir, ils atteignirent Presjeka, mais ils ne purent encore se reposer. La lutte recommença à la tombée de la nuit.

La population mâle de Nikchitch s'était réunie vers le fort détaché du nord-est ; à la nuit, la plus grande partie de la garnison fit une sortie et prit les insurgés à dos. Profitant du désordre et de la confusion qui sont les conséquences obligées d'un combat de nuit, les habitants de Nikchitch coururent à Presjeka ; aidés des habitants du village, ils se chargèrent des provisions laissées en dépôt et les rapportèrent au fort nord-est pour les faire parvenir de là dans la place.

Mouktar resta à Presjeka avec ses troupes épuisées ; le 29 il fit encore entrer un nouveau convoi de vivres au moyen du subterfuge qui lui avait si bien réussi quelques jours auparavant. Enfin il se retira sur Gatchko, non sans être harcelé dans sa retraite par les insurgés.

Les divers événements dont Nikchitch et ses environs furent le théâtre, détournèrent des autres points l'attention des insurgés. Ils bloquèrent pendant quelques jours et avec des troupes peu nombreuses, Trébinie, puis le fort de Drieno à l'ouest de Trébinie, près de la frontière dalmate, et enfin Goranitchka. Mais les Turcs n'eurent pas de peine à faire pénétrer des convois de vivres à Trébinie et Drieno, après avoir fait les reconnaissances nécessaires et avoir informé les assiégés par l'intermédiaire de messagers très sûrs.

Seul, le ravitaillement de Goranitchka offrit quelques difficultés. Enfin il put être aussi effectué le 8 mai, sans que les insurgés pussent y mettre obstacle : Mouktar avait réussi à répandre partout le bruit qu'il projetait une nouvelle expédition vers Nikchitch. Ses ennemis s'y laissèrent prendre.

XIX

Pendant que ces événements avaient lieu en Herzégovine, l'insurrection gagnait beaucoup d'autres
points.

Au commencement d'avril, le vali Ibrahim-Pacha,
qui avait sous ses ordres Ali-Pacha chef d'un corps
de 10,000 hommes, y compris les bachi-bouzouks, man-
dait à Constantinople que l'insurrection se propageait dans sa province plus qu'elle ne l'avait fait
dans toute l'année 1875.

Des bandes s'étaient organisées, puis avaient reçu
d'importants renforts : on en trouvait dans la chaîne
du Prolog, autour de Livno, sous les ordres de
Stefan Iakchitch ; on en trouvait d'autres au nord
de ces dernières vers la haute Unna ; celles-ci reconnaissaient pour chef Goluti Babitch. Plus loin,
toujours vers le nord, dans le massif de Gemertch

autour de Risovatz, Vojeovitch était à la tête d'un parti ; enfin il y avait Pierre Karagiorgievitch sur la basse Unna autour d'Orahovitza, Lazar Sivko vitch à l'ouest de Banialuka, entre la Sanna et le Verbas, puis le moine catholique Franjo dans la contrée de Travnik, qui étaient à la tête de quelques partisans. Toutes ces bandes étaient au nombre de vingt-sept, en avril ; elles étaient réparties sur une grande superficie de territoire et constituaient un effectif de 15,000 hommes ; ce chiffre serait plutôt un peu élevé.

Elles agissaient chacune séparément et ne concouraient pas à un but commun : leurs opérations se bornaient à l'attaque de villages isolés et de fermes habitées par des mahométans ; elles campaient près des villes pour intercepter leurs communications avec le reste du pays, enlever les messagers et s'emparer de temps en temps d'un convoi de vivres.

L'insurrection bosniaque était, vu le faible effectif des troupes turques, gênante mais cependant pas absolument dangereuse ; elle pouvait le devenir, il est vrai, si des complications de même nature se produisaient sur d'autres points, en Serbie, dans le Monténégro, en Roumanie et en Grèce. C'est du reste ce qui ne devait pas manquer d'arriver.

Peter Karagiorgievitch jouait une étrange comédie à Orahovitza. C'est là qu'il s'était établi dans le voisinage immédiat de la frontière autrichienne, où il serait en mesure de trouver un refuge dans le cas

d'un pressant danger ; quelques détachements de sa
bande allaient battre le pays à peu de distance du
camp. Les gens, qui étaient au courant de la situation, voyaient en lui le prétendant éventuel au trône
de Serbie ; on le comparait au prince Louis Napoléon, mais en lui attribuant une qualité de plus
qu'à son modèle : la prudence. Il renouvellerait à
Orahovitza, disait-on, les tentatives faites à Boulogne
et à Strasbourg par Napoléon. De temps en temps,
il publiait de superbes bulletins de victoire. Même
le 3 juin, il prétendit avoir complètement anéanti
3,000 Turcs avec ses 200 Uskokes et son état-major,
qui était aussi nombreux que celui d'une armée régulière. Le papier est complaisant.

De jour en jour, la méfiance de la Turquie à l'é-
gard de la Serbie s'accentuait davantage ; déjà en
1875 des troupes turques avaient été envoyées sur
les frontières des deux principautés, au moment où
l'insurrection se propageait d'une manière inquié-
tante. Enfin, le 21 avril 1876, un iradeh du sultan
ordonnait l'établissement d'un camp à Scutari, en
Albanie, pour surveiller la frontière méridionale du
Monténégro.

Dès la fin de février, une grande effervescence
se manifestait en *Bulgarie* dans les populations de
la partie sud-ouest du vilayet du Danube, et dans la
partie nord-ouest du vilayet d'Andrinople. Bientôt
après, on s'apercevait que le mouvement insurrectionnel commençait à s'organiser régulièrement.
On sait qu'une voie ferrée partant de Constantinople

passe par Andrinople, Philippopoli et Tatar-Basard-
chik, et aboutit à l'ouest à la station de Bellova
sur la haute Maritza et au pied du versant septentrional du Despoto-Dagh (mont Rhodope). C'est
dans cette dernière contrée que l'insurrection éclata.

Dans plusieurs villages, les Bulgares guidés par
leurs popes réclamaient le droit de propriété et la
suppression d'un prétendu droit de fermage, qui
rendait la situation du fermier plus désavantageuse
encore que celle du serf. Ils chassèrent les autorités
turques ; enfin de petits partis se réunirent pour
former de grandes bandes afin de mieux faire valoir
leurs prétentions.

Les Turcs n'avaient que peu ou point de troupes
dans cette contrée ; ils lancèrent d'abord contre les
insurgés les bachi-bouzouks du pays, et à la tête de
ces derniers, les Tcherkesses établis dans le vilayet
du Danube. Au commencement de mai, la Sublime
Porte rassemblait 15,000 hommes de troupes régulières autour de Philippopoli et de Tatar-Bazardchik ;
mais en attendant les bachi-bouzouks et surtout les
Tcherkesses avaient déjà commis des atrocités sans
nombre ; c'était là un mauvais exemple, il ne devait
pas être perdu pour les troupes turques qui allaient
intervenir.

Les Tcherkesses détruisaient le butin qu'ils ne
pouvaient emporter, ils brûlaient les villages, brûlaient les femmes après les avoir déshonorées ; ils
vendaient comme esclaves les jeunes filles les plus
belles et les livraient aux entremetteurs chargés

d'approvisionner les harems des grands fonctionnaires turcs. Les agents de M. Disraëli eux-mêmes
durent constater ces horreurs. Qu'est-ce qu'une
guerre européenne à côté de tels faits? Un vrai jeu
d'enfant. Mais voici une autre question, qui doit
être posée et même qui l'a été par l'opinion publique en Angleterre : les puissances européennes
doivent-elles encore admettre dans leur communauté
une nation, qui ne peut ni ne veut rien faire pour
mettre un terme aux atrocités qui se commettent
chez elle? Ne faudrait-il pas s'entendre pour refouler
jusque dans le désert, où ils ne trouveraient rien à
détruire, les Turcs, ces barbares incapables de progrès, qui ne savent que dévaster tout sur leur passage?

SEPTIÈME PARTIE

I

MEURTRE DES CONSULS A SALONIQUE. — MEMO-RANDUM DE BERLIN

Nous allons laisser le récit des opérations militaires pour nous occuper de l'action diplomatique et des événements qui eurent une influence quelconque sur cette action.

Il y avait à Salonique un grand fonctionnaire turc, qui avait la charge, héréditaire dans sa famille, de procureur d'état. Ayant fait enlever pour son harem une jeune fille bulgare remarquablement belle, il l'avait fait diriger sur Salonique par le chemin de fer; une vieille négresse était chargée de la surveiller. Le 6 mai, la jeune Bulgare débarquait

dans la gare de Salonique avec les personnes qui
l'escortaient. Sa mère avait suivi sa piste et se trouvait par hasard dans le même train qu'elle. Les deux
femmes ne se savaient pas si rapprochées. Elles se
virent à la descente du train et se précipitèrent dans
les bras l'une de l'autre en poussant des cris déchi-
rants : la jeune fille, qui était chrétienne, allait être
par force convertie à l'islamisme et enfermée dans
le harem d'Emin-Effendi.

Or, dans cette ville très commerçante de 100,000
âmes, un grand nombre de chrétiens grecs, bulgares
et serbes habitent à côté des Turcs. Depuis longtemps, la situation était très tendue entre chrétiens
et musulmans : dès le commencement de l'insurrection herzégovinienne, l'agitation avait gagné peu
à peu toute la péninsule des Balkans. Les chrétiens,
craignant une Saint-Barthélemy turque, se tenaient
sur leurs gardes; cette constante préoccupation avait
fini par les aigrir.

Il y avait beaucoup de monde à la gare; des ras-
semblements se formèrent autour des deux malheureuses, qui se lamentaient. Les Turcs prétendaient
que la Bulgare mentait, qu'elle s'était librement convertie à l'islamisme et qu'elle entrait librement dans
le harem d'Emin-Effendi. Les chrétiens ne parta-
geaient pas cet avis et, comme ils étaient les plus
nombreux, ils repoussèrent les Turcs et prirent la
jeune Bulgare sous leur protection.

Une voiture vide stationnait dans la gare, les chrétiens y firent monter leur protégée et la conduisirent

dans la maison d'un marchan l grec, chez lequel elle trouva un asile et un refuge.

La voiture appartenait au consul américain de Salonique, M. Hadchi Lazaros, qui était grec. Ce dernier était allé avec quelques amis faire une partie dans les environs de la ville; sa voiture était venue l'attendre au retour, mais, comme il n'arrivait pas, les protecteurs de la jeune Bulgare avaient obligé le cocher, qu'ils ne connaissaient pas du reste, à les conduire à leur destination.

Le jour suivant, le 7 mai, les Turcs de Salonique furieux de cet incident manifestèrent leur colère : des émissaires d'Emin, crieurs publics et autres individus avaient déjà parcouru la ville dans la journée du 6 pour fanatiser la population musul mane : la Bulgare, disaient-ils, s'était convertie très librement à l'islamisme, et elle n'avait été attendue à la gire par des gendarmes, que parce qu'elle devait, suivant l'usage, être conduite au gouverneur.

Les chrétiens avaient arraché cette fille aux agents de l'autorité; en cette occurrence on avait donc comploté d'insulter l'islamisme. Il fallait aux musulmans une réparation pour l'outrage qui leur était fait; la Bulgare devait leur être rendue.

Dans la matinée du 7 mai, des bandes parcoururent la ville en proférant des menaces contre les chrétiens. Un attroupement se forma dans la grande mosquée : de véritables fous furieux demandaient un massacre général des chrétiens. Une députation de ces fanatiques se rendit chez le gouverneur de la ville pour obtenir par des menaces que la Bulgare lui fût remise.

Le gouverneur dépêcha pour apaiser les masses le commandant de la gendarmerie et Emin-Effendi, l'auteur de tout ce désordre. Naturellement cette démarche fut sans succès. Et pourtant il y avait à Salonique assez de gendarmerie pour rétablir très prom,tement l'ordre, si le gouverneur avait vraiment l'intention de le faire.

Le consul de France, M. Moulins fut informé de tout ce tumulte; il apprit aussi que les musulmans avaient parlé d'un massacre général des chrétiens. Il jugea alors qu'il était de son devoir de s'entendre avec les autres agents européens pour intervenir auprès des autorités locales et leur demander le rétablissement de l'ordre. Il s'adjoignit le consul d'Allémagne, M. Abbot son beau-frère, et tous deux se rendirent au palais du gouverneur. Ils ne le trouvèrent pas, mais on leur dit qu'il était à la mosquée. Des soldats de la garde du palais les y conduisirent. Là s'étaient rassemblés le conseil municipal et le conseil d'arrondissement mahométans; Emin-Effendi y était aussi. Le gouverneur n'arriva que plus tard. Lorsque les deux consuls entrèrent dans la mosquée, un murmure significatif s'éleva autour d'Emin-Effendi; ce murmure dégénéra en cris de fureur, lorsque, le gouverneur étant entré, les consuls lui présentèrent leurs observations. La foule les assaillit les frappant avec des bâtons, des couteaux, des yatagans; ils furent écharpés sans que le gouverneur eût fait aucune tentative pour les sauver.

11

La nouvelle du crime de Salonique fut accueillie
dans le monde entier avec la plus vive émotion;
certains journalistes cependant et quelques personnages politiques partisans de la paix (le fameux
M. Disraëli en était), ne se rangèrent pas à l'avis
général.

L'Allemagne et la France avaient été plus particulièrement outragées. Elles demandèrent immédiatement une réparation à la Porte, mais elles savaient que dans une circonstance semblable, une
puissance européenne ne peut obtenir de satisfaction que si elle appuie sa réclamation par une action immédiate.

Aussi le 8 mai en France, une division de l'escadre de Toulon recevait l'ordre de se rendre à Salonique ; elle était sous les ordres de l'amiral Jaurès.

Elle arriva le 16 mai devant Salonique où elle trouva plusieurs autres bâtiments de guerre arrivés le 10 mai des côtes de Grèce et de Turquie. La corvette allemande, *la Méduse*, avait également reçu l'ordre de son gouvernement de se rendre de Messine à Salonique.

Le gouvernement allemand mobilisa à Wilhelmshafen une escadre composée de quatre bâtiments cuirassés et d'un aviso ; on la mit sous les ordres du contre-amiral Bastch. Mais celui-ci ne put quitter Wilhelmshafen que le 22 mai ; l'escadre devait être renforcée devant Salonique de *la Méduse* d'abord, puis de deux canonnières, *la Comète* et *le Nautilus*.

L'Autriche, la Russie et l'Italie envoyèrent également des bâtiments de guerre à Salonique.

L'Angleterre prit un rôle très actif dans cette circonstance. Une canonnière anglaise accompagna à Salonique l'aviso turc, qui le 8 mai y débarquait une commission d'enquête. Mais d'abord, cette commission ne put fonctionner : elle était paralysée par la crainte, peut-être fondée, que les fanatiques partisans de l'aimable Emin-Effendi pouvaient inspirer. L'arrivée de l'amiral Jaurès changea immédiatement la face des choses. Peu à peu grâce à sa protection, il fut possible d'arrêter les coupables, de les amener à bord des bâtiments et de pendre haut et court quelques-uns des meurtriers de bas étage.

Les coupables arrêtés et les personnages importants, compromis dans l'affaire furent envoyés à

Constantinople pour y être mis en jugement. Au mois de juin, ils furent condamnés à des peines tellement dérisoires que l'Allemagne et la France ne jugèrent pas la réparation suffisante. Les deux gouvernements avaient réclamé une indemnité pour les familles des consuls ; ce ne fut qu'au mois d'août qu'on obtint satisfaction sur ce point, et encore fallut-il employer les menaces.

A Constantinople, l'attentat de Salonique eut comme conséquence immédiate un grand changement de ministère. Midhat-Pacha devint le chef d'un nouveau parti représentant les intérêts anglais. Il était né dans l'île de Chio, où les musulmans sont perdus au milieu de la population grecque ; chez lui, l'astuce grecque était unie à la haine, que le musulman professe pour les chrétiens. Gouverneur de Bulgarie, il avait durement traité les chrétiens de sa province, mais avait toujours défendu les intérêts matériels du vilayet du Danube ; de plus il était ennemi de la Russie.

Pour la réalisation de ses projets, Midhat-Pacha avait jeté les yeux sur le clergé de Constantinople et, par suite des événements, depuis le début de l'insurrection bosniaque, Midhat était devenu l'inspirateur du clergé.

Les ulémas sont à la tête du clergé : ce sont eux qui deviennent cheiks, c'est-à-dire les chefs des grandes mosquées ; puis, viennent les imans, chefs des petites mosquées, les mamlahs ou gardiens qui crient les heures sur les minarets, enfin les softas.

Les ulémas sont les gens les plus instruits du pays; on comprend aisément que, dans une théocratie comme celle de Bysance, leurs fonctions ne sont pas purement religieuses, mais qu'ils ont encore à s'immiscer dans l'administration et la justice.

Les softas constituent le dernier échelon; ce sont eux qui lisent le Coran dans les mosquées. En même temps ils forment des élèves, auxquels ils interprètent les difficultés du Coran sous la direction d'ulémas, d'imans et de derviches, à peu près comme dans certains pays, les « bochers » juifs enseignent le « Talmud » sous la direction des rabbins.

Les softas sont très ignorants et par suite très faciles à fanatiser. Il y a en Orient un très grand nombre de ces vieux étudiants, qui atteignent et même dépassent l'âge de 40 ans. Les softas à Constantinople forment une véritable armée, dont l'effectif serait difficile à déterminer si l'on se basait sur les résultats très incertains fournis par la statistique turque. D'après les évaluations les moins modérées, leur nombre serait de quatre-vingt mille, et les chiffres officiels n'ont jamais donné moins de 30,000. Les ulémas, jouissant d'une certaine notoriété, ont une très grande influence sur les softas.

C'est surtout sur ces derniers que comptait Midhat-Pacha.

On leur disait depuis longtemps que l'insurrection bosniaque était l'œuvre de la Russie, la grande ennemie du prophète; on leur laissait entendre qu'Abdul-Aziz se laissait peut-être trop influencer par la Russie ; on formulait d'une manière plus catégorique la même accusation contre le grand-vizir Mahmoud-Pacha. M. Disraëli et lord Elliot, ambassadeur d'Angleterre à Constantinople, étaient au contraire représentés comme les véritables descendants et les favoris du prophète.

Le terrain était donc bien préparé, quand le bruit de l'attentat de Salonique se répandit à Constantinople. C'était là, disait-on aux softas, un coup monté par la Russie pour déprécier les Turcs aux yeux de l'Europe, aussi le descendant du prophète lui-même, qui pour son malheur, avait derrière lui un peuple de giaours se voyait-il obligé d'agir contrairement aux intérêts des enfants de Mahomet. On voulait donc saper l'influence de Mahmoud. Les softas crurent ce qu'on leur disait, et nouveaux janissaires du saint empire turc, ils firent une grande manifestation devant le palais du sultan.

Celui-ci destitua le grand-vizir, et le 12 mars mit à sa place non pas Midhat, mais Rouchdi-Pacha ; seulement Midhat faisait partie du cabinet sans avoir de portefeuille. Il avait donc trouvé son point d'appui et savait maintenant à quoi les softas pouvaient être bons.

Abdul-Aziz ne se sentit plus en sûreté dans son propre palais ; pour parer aux éventualités, il décida qu'un de ses chers cuirassés se tiendrait constamment prêt à lui offrir un refuge. Les chrétiens de Péra et de Galata furent pris d'une grande inquiétude : il était très possible qu'un massacre général des chrétiens eut lieu. L'ambassadeur de Russie, le général Ignatieff, s'entoura d'une garde du corps moins pour préserver sa propre vie, que pour avoir contre la Turquie un grief sérieux et montrer combien toutes choses sont instables en ce pays.

La Grande-Bretagne s'était contentée de faire escorter d'une canonnière l'aviso turc envoyé à Salonique. Mais bientôt elle dirigea une puissante flotte sur la baie de Béchika à l'issue méridionale des Dardanelles. Nous allons parler des événements, qui nécessitèrent cette mesure.

III

La note Andrassy était restée sans aucun effet
et l'insurrection avait plus que jamais relevé la tête
dans l'Herzégovine et dans la Bosnie proprement
dite, au printemps de l'année 1876.

Que faire? Telle était la question que se posaient
dans de telles conjonctures les puissances de la
triple alliance. Devait on laisser les événements suivre leur cours sans s'en préoccuper davantage ? Une
telle conduite paraissait indigne des puissances européennes, surtout maintenant qu'elles avaient commencé à intervenir par la note Andrassy. Devait-on
agir aussitôt ? Dans ce cas, de quelle façon agir ?
Ou bien fallait-il préparer une action ultérieure par
de nouvelles notes, et même appuyer ces dernières
par des démonstrations ?

Du 11 mai au 13 mai, une conférence eut lieu à

Berlin entre les trois puissances pour traiter ces différentes questions. Le comte Andrassy, arrivé le 10 mai, représentait l'Autriche ; le 11 l'empereur Alexandre et le prince Gortchakoff, grand chancelier de l'empire russe arrivaient également. L'empereur Alexandre passait par Berlin pour se rendre aux eaux d'Ems ; il partit le 13 pour cette dernière destination.

Dès le 11 mai au soir, une longue entrevue, suivie de plusieurs autres les 12 et 13, eut lieu chez le prince de Bismarck.

Le résultat des délibérations fut le suivant : une nouvelle note serait adressée à la Porte dans des termes plus catégoriques que ne l'avait fait Andrassy. Les puissances laissaient entrevoir qu'elles agiraient directement si la note restait sans effet. Ce document devait être immédiatement communiqué à la France, à l'Angleterre et à l'Italie et l'on demanderait à ces puissances d'en approuver la teneur. Cette fois, le prince Gortchakoff fut chargé de la rédaction. La note fut approuvée le 13 par les trois chanceliers. Elle est désignée dans la langue diplomatique sous le nom de « *memorandum de Berlin* » ou note de Gortchakoff.

Voici en substance le contenu de cette pièce : en accédant à la note Andrassy, la Sublime Porte avait pris un engagement vis-à-vis de l'Europe. De leur côté les grandes puissances avaient moralement le droit d'insister auprès de la Porte pour qu'elle remplît ses engagements. Cette condition était néces-

saire au maintien de la paix. Le sultan n'avait rien
fait pour mettre à exécution ses promesses, et son
hésitation en cette circonstance devait être regar-
dée comme la première cause du meurtre de Salonique. La Sublime Porte aurait à s'entendre immédiatement avec les insurgés pour conclure un
armistice de deux mois. Les conditions de cette entente seraient la satisfaction des demandes formulées d'abord dans cinq articles de la note Andrassy,
puis dans les cinq articles additionnels résumant les
légitimes réclamations des insurgés. Si cependant
l'armistice avait lieu sans que les conditions fussent
remplies du côté de la Turquie, les puissances
seraient forcées de ne pas se borner à une intervention diplomatique, et elles s'entendraient pour
prendre les *mesures efficaces* nécessaires au maintien
de la paix générale et mettre ainsi un terme au
malaise dont se ressentait toute la péninsule des
Balkans.

Ces « *mesures efficaces* » ne furent pas spécifiées
dans la note ; les trois chanceliers avaient longue-
ment conféré sur ce sujet sans parvenir à s'entendre
complètement (c'est bien naturel). Le prince Gortchakoff était d'avis que, si l'heure d'agir venait, la
Bosnie devrait être occupée par des troupes autrichiennes Le comte Andrassy déclinait cette cour-
toise invitation, ce qui n'empêchait pas la presse
européenne de parler, dès la fin de mai, de l'intention qu'aurait l'Autriche d'occuper la Bosnie. Il est
incontestable que cette occupation était demandée

par un grand nombre d'Autrichiens, dont l'avis était partagé par plusieurs cercles militaires et par certaines cours. Du reste l'Autriche n'avait-elle pas pris tout récemment encore à un moment inopportun des mesures, qu'elle avait jadis non sans raison taxées d'impolitiques. Le chancelier de l'empire russe pouvait donc, d'après ce précédent, espérer qu'on répondrait quelque jour à son invitation,

Voici quelques autres « mesures efficaces » qui furent discutées à la conférence : le port de Klek serait fermé aux Turcs, les autres ports seraient bloqués ; enfin, on surveillerait spécialement les Dardanelles, pour empêcher la Porte de déchaîner sur son territoire européen, où elle disposait déjà des Tcherkesses et des Arnautes, les hordes barbares de ses sujets asiatiques.

Le mémorandum de Berlin fut immédiatement communiqué à la France, à l'Italie et à l'Angleterre. La France et l'Italie donnèrent leur approbation, mais l'Angleterre *refusa catégoriquement le 19 mai d'imiter ces deux nations.*

Toutes les puissances, au dire du ministère Disraéli, avaient reconnu que la note Andrassy suffisait. Aller au delà, c'était s'attaquer de la manière la plus injuste au droit souverain de la Sublime Porte. On n'avait pas laissé à la Turquie le temps nécessaire pour réaliser ses promesses, et du reste on avait reconnu que la mise à exécution des réformes ne pourrait être efficacement entreprise, qu'après la pacification des provinces insurgées. L'Angleterre n'avait aucune objection à faire à la conclusion d'un armistice, mais encore fallait-il que cet armistice fût strictement observé par les insurgés, et que ces derniers donnassent des garanties. Les autres « mesures efficaces » débattues à Berlin ne pouvaient, suivant les Anglais, être mises à exécution, sans que le traité de 1856 fût violé.

Tout en répondant de la sorte au mémorandum de Berlin, Disraëli rassemblait l'une des flottes cuirassées les plus formidables qu'on eût vues jusqu'alors en Europe et lui donnait l'ordre de se rendre non à Salonique, mais dans la baie de Bechika Cette flotte, commandée par l'amiral Drummond, arriva le 24 mai à sa destination ; elle devait comprendre vingt bâtiments pour la plupart cuirassés, et en tout 5000 hommes d'équipage. Des mesures furent aussitôt prises afin de créer à Gibraltar et à Malte des magasins d'approvisionnements pour faire face aux éventualités d'une guerre. Disraëli menaça la Russie. Cet original, qui longtemps a été en Angleterre le chef du parti conservateur, ce qui fait peu honneur à l'intelligence de MM. les torys, se livra aux élucubrations politiques les plus fantaisistes. Non content de l'influence que pouvait avoir l'Angleterre en Egypte et dans le Bosphore, il voulait encore parler en maître à l'Europe. Pour se permettre une semblable fantaisie de nos jours, il faut des soldats ; or l'Angleterre n'en a pas ; nous n'en voulons d'autre preuve que l'essai malheureux que firent les Anglais en mobilisant deux corps d'armée au mois de juillet 1876. Une semblable expérience suffit pour fixer l'opinion de tout Européen qui base son appréciation sur des faits.

Tout le monde aurait ri de l'attitude menaçante prise par Disraëli et l'Angleterre, si les autres puissances s'étaient entendues pour mettre un terme à ce monstrueux état de choses en vertu duquel des peuples susceptibles de se civiliser étaient administrés et gouvernés par des barbares tels que les Turcs.

Il s'agissait maintenant de savoir si l'accord se ferait entre les grandes puissances. La Russie surtout devait immédiatement chercher à s'entendre avec l'Angleterre. C'était l'avis de l'empereur Alexandre, monarque très pacifique ; il donna, non sans quelque hésitation, des conseils qui ne rencontrèrent aucune objection. L'empereur, il est vrai, avait parlé cette fois avec plus de circonspection qu'en 1853, parce qu'on allait probablement passer des paroles aux actes, et qu'il ne s'agissait de rien moins que de la chute de l'empire ottoman. La remise à Constantinople du mémorandum de Berlin fut différée, et bientôt, d'autres incidents s'étant produits, on remit à plus tard la communication officielle du document.

IV

Le refus d'accéder au mémorandum formulé par Disraëli eut pour les sujets chrétiens de la Porte les conséquences les plus déplorables.

Le ministère turc en conclut qu'il aurait dans l'Angleterre une puissante alliée contre la Russie. Cette conjecture fut accréditée chez les softas par l'apparition de la flotte anglaise dans les eaux de Béchika, et les softas en répandirent la nouvelle dans le peuple. — « L'Angleterre approuve notre manière de procéder en Bulgarie», disaient les Turcs. Aussi ces derniers agirent-ils avec plus de cruauté que jamais. Des villages paisibles furent assaillis, pillés et brûlés par des bandes tcherkesses ; puis, fiers de ces beaux exploits, les chefs tcherkesses et tous ces brigands venaient naïvement réclamer leur salaire aux agents diplomatiques anglais. Ces derniers qui, au fond, étaient de braves gens, furent étonnés et consternés. Ils 'n'avaient, bien entendu, reçu de leur gouvernement aucune instruction pour soudoyer des bandits et des assassins.

Ceux-ci toutefois avaient parfaitement raison de réclamer leur salaire aux agents diplomatiques anglais. Ils étaient logiques et ils tiraient les conclusions strictes de l'attitude de Disraëli.

Ce fut sous les auspices de ce dernier que Midhat-Pacha continua son œuvre. La chute du grand-vizir Mahmoud n'avait été qu'un faible début. Il fallait maintenant déposer le sultan Abdul-Aziz pour rejeter aux calendes grecques la remise officielle du mémorandum ; on mettrait ensuite sur le trône un homme de paille, on brouillerait les cartes, et on profiterait de tout ce chaos pour administrer *à la turque*.

Ces combinaisons réussirent à merveille.

HUITIÈME PARTIE

I

ABDUL-AZIZ EST DÉPOSÉ ET MEURT. — MOURAD V MONTE SUR LE TRONE

Abdul-Aziz fut détrôné par une révolution de palais appuyée par les softas.

Ce coup d'Etat fut exécuté par les ministres du 12 mai dirigés par Midhat-Pacha, à côté de qui nous trouvons le grand-vizir Mehemed-Rouchdi-Pacha, le ministre de la guerre Hussein-Avni-Pacha et le « cheik-ul-islam » Karullah-Effendi.

Ils posèrent à leur complice Karullah-Effendi, gardien de la loi de l'Islam, la question suivante :

« Si les facultés intellectuelles du souverain des
» croyants ont baissé au point de ne plus lui per-
» mettre de traiter les affaires politiques, — si, par
» ses dépenses personnelles, il augmente outre me-
» sure les charges de la nation, — si, par le désor-
» dre qu'il met dans les affaires spirituelles et tem-
» porelles, il fait marcher son empire à la ruine et
» compromet l'existence du mahométisme, si en un
» mot, sa présence sur le trône est une calamité, —
» peut-on le déposer? » Karullah-Effendi fit cette
seule réponse : « la loi dit *oui* ». — Puis il résuma
la longue question et la courte réponse dans une
fetwa qu'il signa ; ce document devenait naturellement pour les croyants une loi sainte.

Armés de ce fetwa au sens non équivoque, les
conjurés décidèrent que le 30 mai dans l'après-midi
Abdul-Aziz serait purement et simplement détrôné.
Ils étaient sûrs des gens en sous-ordre qui, tout en
servant d'instruments à la conspiration, en ignoraient les secrets. Du reste le secret fut parfaitement gardé ; personne à Constantinople et aux environs, hormis les initiés, n'avait le moindre pres-
sentiment de ce qui allait se passer. Un fait fortuit
fit hâter encore la mise à exécution du complot.

Le 29 mai, à une heure avancée de la soirée,
Abdul-Aziz remarqua de son palais de Dolma Bagtcheh un transport chargé de troupes ; il envoya
chercher le ministre de la guerre par un messager,
qui dit à ce dernier que le sultan désirait savoir si
les troupes embarquées sur le transport étaient

destinées à la Bulgarie ou à l'Herzégovine. Le ministre trouva étrange qu'on le mandât à Dolma Bagtcheh pour un motif aussi futile ; il se dit que le complot était peut-être découvert et qu'Abdul-Aziz voulait tout simplement se défaire des conjurés suivant le procédé d'usage en Orient. Hussein-Avni-Pacha congédia le messager, mais, au lieu de se rendre au palais du sultan, il alla chez son ami le grand-vizir Mehemed-Rouchdi-Pacha et lui fit part de ses soupçons. Les deux personnages en conclurent qu'il n'y avait pas un instant à perdre et qu'on devait faire immédiatement le coup d'Etat. Ils se rendirent au séraskiérat (ministère de la guerre) et envoyèrent de là leurs ordres. Redif-Pacha, président du conseil supérieur de la guerre, devait avec trois bataillons cerner Dolma Bagtcheh du côté de la terre. Le commandant de la frégate cuirassée « Messudieh » était avisé d'avoir à garder les abords du palais du côté de la mer au moyen de chaloupes montées par quelques soldats. La frégate était à l'ancre dans le voisinage de Dolma Bagtcheh. Ces ordres furent exécutés avec beaucoup de calme et de régularité ; les postes établis autour du palais reçurent la consigne de ne laisser sortir personne, pas même le sultan.

Pendant ce temps-là les conjurés convoqués en toute hâte délibéraient au séraskiérat. Midhat-Pacha, l'ancien chérif de la Mecque, Abdul-Malleb, Karullah-Effendi, les ulémas, plusieurs généraux et hauts fonctionnaires se réunirent dans la grande

salle du ministère. Cette salle avait été spécialement aménagée depuis plusieurs jours, sous prétexte d'un conseil extraordinaire des ministres, qui
devait y avoir lieu, alors qu'on la destinait en réalité à servir de lieu de réunion aux conjurés.

Puis Hussein-Avni-Pacha alla trouver Mourad-
Effendi, fils aîné d'Abdul-Medjid, né le 21 septembre
1840 (25 redcheb 1256). Il avait été convenu que
Mourad-Effendi monterait sur le trône à la place
d'Abdul-Aziz, son oncle, sous le nom de Mourad V.
Hussein-Avni fit connaître en quelques mots au
prince Mourad la haute mission à laquelle il était
destiné de par la « volonté du peuple. » Il l'invita
ensuite à le suivre au séraskiérat. On ne dit pas que
le prince ait manifesté la moindre hésitation ; il
s'habilla rapidement et suivit son « cornac » qui
l'amena dans la grande salle du séraskiérat. Là le
nouvel élu reçut les hommages des conjurés assemblés, puis, pour donner plus de solennité à cet
acte, Karullah-Effendi et Abdul-Malleb dirent une
messe turque conformément à l'usage. C'est ainsi
que la religion sert bien souvent les calculs hu-
mains.

II

On venait donc de créer en un tour de main un
nouveau sultan ; c'est au nom de ce dernier qu'Hussein-Avni-Pacha envoya les ordres nécessaires à
Redif-Pacha. Il devrait apprendre à Abdul-Aziz
que « de par la volonté du peuple », il était déposs-
sédé de son trône et qu'il allait immédiatement être
conduit de Dolma Bagtcheh à Top-Kapu.

Quand l'aide de camp eut apporté ces instructions
à Redif-Pacha, celui-ci fit appeler le chef des eunuques d'Abdul-Aziz, Dcherrer Aga, et le chargea de
faire au sultan la communication verbale suivante :
« La nation ottomane t'a déposé ; *le sultan Mourad-
Khan* est monté sur le trône. Sa majesté t'ordonne
de te rendre au sérail de Top-Kapu, où tu résideras
à l'avenir. »

Dcherrer trouva cette commission si drôle, qu'il

fut pris d'un rire peu respectueux. Redif-Pacha garda au contraire son sérieux, puis fit constater au chef des eunuques que tout le palais de Dolma Bagtcheh était entouré de troupes. Dcherrer comprit alors que c'était bien sérieux ; un profond abattement succéda à sa gaieté, et il alla tout tremblant trouver son maître pour s'acquitter de son incroyable commission.

Abdul-Aziz, qui de fait ne se doutait de rien, comme on le suppose naturellement, écouta avec stupeur ce que lui dit Dcherrer. Puis, ayant quelque peu réfléchi, il fut pris d'un accès de fureur, sauta au bas de son lit et jeta à la tête de son fidèle serviteur quelques meubles intimes ; il ouvrit la fenêtre avec fracas et, apercevant la frégate cuirassée Messudieh, il la héla, se figurant qu'elle arriverait immédiatement pour châtier les audacieux coupables envers lui du crime de haute trahison.

Dcherrer Aga, qui avait la tête ensanglantée, apprit à son maître que les postes, qu'il voyait sous les fenêtres avaient justement été fournis par l'équipage de la frégate pour investir le palais. Abdul-Aziz s'écria alors : « Allah est grand ! » puis s'abandonna à un sombre désespoir. Il s'embarqua avec sa mère et onze de ses femmes ; quelques chaloupes les conduisirent à Top Kapu, qui était déjà occupé par un bataillon.

Mourad V était donc sultan. Ceux qui l'avaient investi de cette dignité, lui firent aussitôt prononcer une amnistie pour tous les crimes politiques ; tout l'argent de la caisse de l'ancien sultan et de la mère d'Abdul-Aziz fut remis au ministre des finances.

Les journaux de Disraëli ne trouvaient pas de termes assez élogieux pour saluer le sultan choisi par leur chef. A les en croire, c'était un grand homme, seul capable de sauver les Turcs et d'exécuter toutes les réformes, y compris l'égalité en Turquie des chrétiens et des musulmans. Sage, énergique, plein d'aménité, possédant des connaissances étendues, cet homme était en un mot plutôt européen que turc.

Mais hélas! Cette espèce d'apothéose, qui avait duré des années pour Abdul-Aziz, devait au bout de quelques semaines avoir une fin pour Mourad; au mois de juin, on apprenait avec douleur que le nouveau sultan était atteint d'un incurable ramollissement du cerveau.

III

Quand la nouvelle de la chute d'Abdul-Aziz parvint
en Occident, quelques hommes au courant des ha-
bitudes orientales dirent, qu'en laissant la vie à
leur souverain détrôné, les Turcs avaient manqué à
toutes leurs traditions.

De fait Abdul-Aziz ne vécut pas longtemps; de
Top-Kapu il fut transféré au palais de Tcheragan,
dont un pavillon lui fut assigné comme demeure.
C'est là qu'un beau matin, le 4 juin, on le trouva
mort. Dix-neuf médecins de toutes nationalités at-
testèrent qu'il avait succombé à une saignée pra-
tiquée avec des ciseaux aux veines des bras. On fit
savoir officiellement que le sultan s'était suicidé,
mais la nouvelle ne trouva pas le moindre crédit
dans l'opinion publique. Tout le monde fut persuadé
au contraire que, suivant l'usage turc, Abdul-Aziz

avait été assassiné après avoir été détrôné; on avait pris le meilleur moyen de l'empêcher de susciter des difficultés à son successeur. Les morts ne reviennent pas.

La déposition et le meurtre d'Abdul-Aziz purent être mis sur le compte de M. Disraëli.

Cet assassinat devait être bientôt suivi d'autres meurtres, que l'opinion publique en Europe regarda comme la juste punition de ce crime. On attribua à des motifs politiques le nouvel attentat dont nous allons parler qui ne fut, suivant la relation officielle, que la vengeance personnelle d'un fou furieux.

Dans la nuit du 15 au 16 juin, les ministres se réunissaient en conseil dans la maison de Midhat-Pacha. Outre ce dernier on y remarquait le grand vizir Mehemed-Rouchdi Pacha, le ministre de la guerre Hussein-Avni-Pacha, le grand-amiral (Capitan pacha) Achmet Kaisserli, et le ministre des affaires étrangères Rechid-Pacha.

Peu de temps après minuit, un officier pénétra, sans s'être fait annoncer, dans la salle où avait lieu la séance, ferma la porte derrière lui, tira un revolver de sa poche et fit feu plusieurs fois sur Hussein-Avni-Pacha. Le lustre atteint par les balles vola en éclats, et la pièce ne resta éclairée que par une bougie. Après avoir tiré plusieurs coups, il frappa à coups de couteau, à la poitrine et au ventre le ministre de la guerre, qui s'était très confortablement installé dans son fauteuil au début de la séance.

Les ministres furent pris d'une émotion bien naturelle ; quelques-uns cherchèrent à se cacher, d'autres à se rendre maîtres de l'assassin. Celui-ci, en proie à la plus aveugle fureur, tua Rechid-Pacha d'un coup de revolver, logea une balle dans l'épaule du capitan-pacha, qui reçut aussi quelques coups de couteau.

Cette horrible scène dura jusqu'au moment où Achmet-Aga , majordome de Midhat, réussit du dehors à enfoncer la porte et à saisir par derrière le meurtrier. Mais celui-ci parvint à se dégager et étendit raide mort le fidèle serviteur. Enfin les gendarmes du poste le plus voisin arrivèrent dans la salle conduits par un aide de camp qui fut aussitôt tué. Ils réussirent à s'emparer du meurtrier, qu'ils traînèrent en prison sur l'ordre de Midhat. Après un procès incroyablement court, on le pendit le 17 juin à 4 heures du matin, dans la cour du séraskiérat. On laissa son cadavre exposé jusqu'à trois heures de l'après-midi. L'assassin s'appelait Hassan-Bey; c'était le frère de la troisième femme du sultan Abdul-Aziz; il était de race tcherkesse. Dans les derniers temps du règne d'Abdul-Aziz, on l'avait nommé aide de camp d'Iussuf-Izedin-Effendi (né le 9 août 1857) fils aîné du sultan, et en cette qualité très protégé. Quand le sultan eut été détrôné, il fut promu, bien qu'âgé seulement de vingt-cinq ans, au grade de commandant d'état-major, mais il reçut en même temps du séraskiérat, l'ordre de se rendre à l'état-major du corps d'armée de Bagdad, où on lui donnait un emploi.

D'après la relation officielle, il fut outré de cette

mesure ; il est vrai que la chute d'Abdul-Aziz et de
ses partisans, pouvait suffire à le mettre hors de lui.
Bref il refusa absolument de quitter Constantinople
et de se rendre à Bagdad ; il se comporta même de
telle façon qu'on dut le mettre en prison.

Le 15 juin il déclara qu'il obéirait et se rendrait à sa destination, sur quoi il fut aussitôt mis en
liberté. On l'avait donc toujours traité avec égards
comme un personnage privilégié. Hassan-Bey, une
fois libre, commença par s'enivrer ; il alla ensuite à
Scutari, où demeurait Hussein-Avni, pour régler son
compte avec lui. Il apprit à Scutari que ce dernier
assistait à un conseil des ministres dans le palais de
Midhat. Il revint aussitôt à Constantinople, se rendit à l'hôtel de Midhat et chercha la salle, où avait
lieu la séance. Dans l'antichambre de cette salle,
il ne trouva qu'un huissier Iussuf-Aga, auquel il
dit qu'il avait une importante communication à faire
au ministre de la guerre. Iussuf répondit qu'il était
impossible de laisser entrer qui que ce fût, la séance
étant commencée ; néanmoins, sur les instances
d'Hassan, il descendit pour parler à Achmet-Aga,
le majordome de Midhat. Hassan, se trouvant donc
seul, ouvrit aussitôt la porte de la salle où se tenait
la séance ; alors eut lieu la scène que nous venons
de décrire.

Comme nous l'avons dit plus haut, personne ne
voulut croire qu'Hassan eût été déterminé à agir ainsi
par des motifs purement personnels. On prétendit
qu'il avait dû subir une influence quelconque, on fit

même à ce sujet mille conjectures. Les unes accusaient le général russe Ignatieff, d'autres Midhat-Pacha, qui aurait cherché par ces meurtres à se débarrasser de complices susceptibles d'entraver l'accomplissement de ses ambitieux projets. Midhat, disait-on, s'était hâté de faire pendre l'assassin pour l'empêcher, une fois dégrisé, de jaser à tort et à travers.

Le compte-rendu officiel de l'assassinat des ministres relate un fait singulier : le meurtrier, après son arrestation, aurait exprimé le regret de n'avoir pas tué Midhat.

Pendant le cours des événements que nous venons de raconter, dès la fin de mai, tout faisait prévoir que dans un avenir prochain, la Serbie et le Monténégro rompraient ouvertement avec la Porte. Nous avons déjà suffisamment vu la part que les Monténégrins prenaient à l'insurrection herzégovinienne. Nous avons maintenant à nous occuper de la situation et des aspirations de la Serbie pendant ces derniers temps.

NEUVIÈME PARTIE

I

PRÉPARATIFS MILITAIRES DE LA SERBIE. — MINISTÈRE RISTITCH

Le ministère conservateur Stephanowitch était au pouvoir au moment où l'insurrection éclata en Herzégovine, au mois de juillet 1875. Comme au mois de mars il n'avait pas l'appui de la majorité à l'assemblée nationale (Skouptchina), le prince avait dissous cette chambre. Les nouvelles élections n'en changèrent cependant pas la composition et le ministère donna sa démission le 16 août.

Sur ces entrefaites, le prince Milan était allé à Vienne du 1er au 12 août pour y conférer avec le comte Andrassy sur l'attitude que devait prendre la

Serbie dans le conflit herzégovinien. Il se fiança en même temps avec la princesse bessarabienne Natalie Mussuri, et revint dans son pays avec des dispositions très pacifiques. Il décida le ministère Stephanowitch à conserver ses fonctions au moins jusqu'à la convocation de la Chambre.

La Skouptchina se réunit à Kragujewatz le 28 août. La majorité se montra très hostile au ministère, auquel on reprochait, non sans raison, de malheureuses opérations financières très désavantageuses pour le pays. Mais ce n'était point là le seul motif de cette hostilité. L'insurrection de l'Herzégovine, et plus tard de la Bosnie, avait fortement surexcité les habitants de la principauté et un parti nombreux s'était constitué dans le pays, demandant qu'on se portât au secours des frères serbes, et qu'on déclarât la guerre à la Porte. La majorité de la Skouptchina appartenait à ce parti. Or, il ne fallait pas attendre du ministère Stephanowitch une action énergique et vigoureuse contre la Turquie, bien que cependant il n'eût pas négligé les préparatifs militaires. Ces Serbes économes ne voulaient pas comprendre que, malgré une dépense de 2 millions consacrés à créer un nouveau matériel de guerre, on pouvait cependant n'être pas assez prêt pour entrer en campagne.

Ces quelques millions leur semblaient être une somme énorme; ils en parlaient comme on parle de milliards dans les autres pays.

On répète souvent, et à tort, dans l'Europe occidentale que le parti de la guerre en Serbie, n'était autre chose que le parti « russe ». Il y eut certaine-ment toujours un parti russe dans la principauté. Il eut même été très étonnant et incompréhensible qu'un semblable parti n'existât pas, étant donné le proche degré de parenté des Russes et des peuples slaves de la péninsule des Balkans. Mais rien n'autorise à regarder comme appartenant au même parti les Ser-bes russophiles, et ceux qui demandent une politi-que énergique et belliqueuse. Il faut même dire que la majorité du parti de la guerre manifestait une grande défiance pour le parti russe. Il se proposait de créer une confédération des états de la péninsule des Bal-kans. La situation en Serbie était maintenant ana-logue à celle de l'Italie en 1848 et 1849, alors que les partisans d'une politique d'action prononçaient ce mot : « l'Italia farà da se [1]. » Le Piémont n'a pas pu se conformer à ce principe, et la Serbie put encore moins le faire que le Piémont, comme nous allons le voir en étudiant la situation de ce petit pays. En présence d'une chambre hostile, le ministère Stephanowitch dut se retirer. Le prince Milan cons-titua à contre-cœur le ministère *Steftcha Ristitch*, démocrate et national. Le 10 septembre, le prince comparut devant la Skouptchina entouré des mem-bres du nouveau cabinet. Il ne put éviter de parler d'abord dans un langage quelque peu belliqueux, mais reprit presque aussitôt une allure plus calme,

1. *Note du traducteur.* L'Italie agira par elle même.

alors qu'il jetait un regard confiant vers les nations européennes, qui dans leur haute sagesse auraient sur les événements à venir la plus heureuse influence et aideraient la Serbie à sortir de la difficile situation dans laquelle elle était tombée, sans avoir pourtant commis la moindre faute.

Nous avons déjà vu que les Turcs, tout en envoyant des troupes en Herzégovine, avaient concentré des corps d'armée pour surveiller le Monténégro et la Serbie. Les Turcs réunis contre la Serbie s'étaient même renforcés des colonies de Tcherkesses du vilayet du Danube. Enfin sur le Timok, bien plus que sur la Drina, des violations de frontières avaient lieu presque tous les jours; les Turcs venaient voler des bestiaux sur le territoire serbe. Ces incursions obligeaient les Serbes à une active et fatigante surveillance de leurs frontières; cette situation très tendue devait quelque jour amener une rencontre sérieuse, même sans que les Serbes le voulussent.

Ceux-ci étaient exaspérés par cet état de choses; ils songeaient sérieusement à déclarer la guerre à la Porte et pour eux le ministère Steftcha Ristitch représentait les aspirations belliqueuses de la nation.

Mais ce serait une grosse erreur de croire que le ministère voulut se lancer aveuglément dans une semblable guerre. Il était dirigé par M. Ristitch. C'était un homme dans la force de l'âge; né en 1830, esprit très cultivé, il avait fait son éducation à Heidelberg, à Berlin et à Paris; enfin son habileté dans les affaires diplomatiques allait avoir souvent

l'occasion de s'exercer pour le plus grand bien de
son pays. Il était trop prudent pour ne pas voir,
qu'à part le cas d'absolue nécessité, la Serbie devait
se bien garder d'entreprendre seule une guerre contre la Turquie, tant que l'Europe se tiendrait sur la
réserve.

Cependant les représentants des puissances voyaient
en Ristitch un « *lord Feuerbrand* » serbe, et pressaient le prince Milan, vu l'état de choses actuel,
de se débarrasser au plus vite de son dangereux
ministère. Milan était assez disposé à suivre ce
conseil, seulement il était embarrassé sur le choix
des moyens.

Le 20 septembre, la skouptchina répondit au discours du trône ; elle remerciait le prince de l'intérêt
qu'il portait aux habitants de la Bosnie et de l'Herzégovine, approuvait d'avance et appuyait pleinement les démarches qu'il ferait pour ramener la paix
dans ces malheureux pays. Les députés semblaient
enfin poser ce principe que la Serbie ne doit faire la
guerre que pour se défendre.

Le prince et le peuple semblaient être parfaitement d'accord, mais cet accord était plus apparent
que réel.

Le 28 septembre, la Skouptchina, réunie en séance
secrète, ouvrit un crédit au ministère pour le budget
de la guerre. Le 29 septembre, Milan fit venir la chambre à Belgrade. Là, il émit plusieurs griefs contre
ses ministres : ils poussaient à la guerre, prétendait-
il, enfin il les engageait à plus de circonspection.

Pendant l'un des entretiens qu'il eut avec les membres du cabinet, M. Ristitch finit par dire que, si Milan trouvait que le ministère n'agissait pas conformément à ses vues, celui-ci donnerait sa démission.

Le prince ne répondit pas. Mais, le jour suivant (4 octobre), il parut dans le palais de la Skouptchina accompagné seulement d'un aide de camp. Il se rendit directement dans la salle de conférences du ministère et y trouva tous les ministres réunis. Il leur dit qu'il désirait parler à la Skouptchina, mais qu'il était inutile de l'accompagner, qu'il n'avait nullement besoin de leur aide. Les ministres répondirent que cette manière de faire était absolument contraire aux lois constitutionnelles du pays. Un conflit s'éleva, le prince dit alors que les ministres pouvaient le suivre. Il sortit donc accompagné des membres du cabinet. Un grand silence l'accueillit à la chambre; il prit la parole pour dire que, le jour précédent, les ministres avaient donné leur démission et qu'il l'avait acceptée. C'était là ce qu'on est généralement convenu d'appeler un mensonge.

Les ministres se levèrent et quittèrent la salle sans prononcer un mot.

Seul maintenant avec l'assemblée nationale, Milan fit d'abord la remarque qu'il était peut-être contraire aux usages parlementaires que le prince parlât sans être entouré des membres du cabinet, mais que, vu les circonstances extraordinaires dans lesquelles on se trouvait, son attitude, incorrecte au premier abord, était toute justifiée. — Le prince posa alors aux députés la question suivante : Avez-vous confiance en moi? Ceux-ci d'abord ne comprirent pas le sens d'une semblable question : il s'agissait pourtant d'un vote de confiance ou de défiance pour le ministère qui venait d'être congédié. Après une courte réflexion, ils répondirent : « oui. » Puis le prince leur dit : Voulez-vous la guerre? Cette fois à l'unanimité on répondit de vive voix : oui, oui!

Le prince dit alors qu'il ne voulait pas la guerre et déclara qu'il ne pouvait pas la désirer dans la situation actuelle, tandis que les grandes puissances se tenaient sur la réserve.

Son discours fut accueilli avec beaucoup de froideur. Milan donna rendez-vous à la chambre pour le 7 octobre dans son propre palais, puis demanda à chaque député séparément, s'il voulait ou non la guerre. Douze députés seulement, eurent le courage de dire qu'ils étaient partisans de la guerre. Enfin la majorité des députés fut aussi d'avis que la Serbie ne devait pas soutenir les insurgés de la Bosnie et de l'Herzégovine.

C'est ainsi que le jeune prince, bien avancé pour son âge, croyait d'abord s'assurer un peu de repos pour la célébration de son mariage qui eut lieu le 17 octobre, ensuite montrer aux puissances qu'il était un homme en qui l'on pouvait avoir la plus aveugle confiance.

16.

II

MINISTÈRE KALIÉVITCH

Depuis le 4 octobre, le ministère Steftcha Ristitch ne s'était plus occupé des affaires ; on eut vraiment dit que Milan n'avait pas l'intention de constituer un nouveau gouvernement ; différentes mesures furent prises sur des ordres émanés de son cabinet et sans aucun contreseing. De semblables velléités ne devaient durer que peu de temps, et le jeune prince qui aimait ses aises, ne tardait pas à s'apercevoir qu'un ministère constitutionnel est, à un double point de vue, un instrument qu'on ne saurait assez apprécier.

Le 9 octobre, un nouveau ministère était formé sous la direction de M. Kaliévitch qui avait été jusque-là président de la skouptchina. Un seul membre de l'ancien cabinet, le colonel Nicolitch, ministre

de la guerre, entra dans la nouvelle combinaison.
Ces ministres ne différaient pas de leurs prédécesseurs; comme eux ils appartenaient à l'*omladina*,
parti de l'agitation panserbe-socialiste. Pris séparément, ils étaient plus conciliants, plus polis, moins
perspicaces et pour ces raisons mêmes convenaient
davantage au prince Milan. Nicolitch continua à faire
des préparatifs militaires et à combler les lacunes
de tout genre pouvant exister dans l'organisation et
l'armement, absolument comme il l'avait fait sous
le cabinet précédent.

Le 10 octobre, le nouveau ministère parut devant
la skouptchina. Kaliewitch engagea l'assemblée à
se défier d'elle-même dans les graves conjonctures
présentes. Il déclara qu'il était du devoir de tout Serbe
et aussi du ministère, de conserver l'honneur et la
dignité du pays dans ces temps difficiles, de chercher
l'intérêt de la patrie et de se préparer pour l'avenir.
Il proposa des réformes de tout genre, puis l'achèvement de l'organisation militaire, l'organisation
d'une armée défensive; il terminait en exprimant
l'espérance qu'un jour le ministère, appuyé par la
skouptchina, pourrait dire au prince : « Vous avez
eu confiance en nous et vous ne vous êtes pas trompé.
Nous avons fait pour la Serbie et les intérêts de la
race serbe tout ce qu'il était possible de faire en ce
moment. »

Le ministère fut bien accueilli. La tranquillité au
dehors fut plus grande qu'avec le cabinet précédent,
non point parce que le gouvernement avait inauguré

une politique nouvelle, mais parce que les événements avaient pris une autre tournure. L'insurrection herzégovinienne allait être assoupie par l'hiver ; enfin, les trois grandes puissances du nord avaient pu s'entendre et la note Andrassy avait été le résultat de cet accord. En Serbie on avait une grande confiance dans ces négociations. Telles sont les circonstances qui produisirent un peu d'accalmie. Cependant le ministère Kalievitch ne perdit pas de vue l'éventualité possible d'une guerre avec la Porte, et le ministre de la guerre décida la Chambre à prendre à ce sujet plusieurs·déterminations que voici : dès que la guerre éclaterait, le traitement des fonctionnaires serait suspendu ; tous les employés civils recevraient dans l'armée, dans l'intendance, la télégraphie, etc., un emploi en rapport avec leurs fonctions habituelles, on ne garderait que le nombre strict de fonctionnaires nécessaire pour assurer l'expédition des affaires courantes du pays.

Quand au printemps, l'insurrection herzégovinienne se réveilla de son sommeil de l'hiver, la tranquillité au dehors cessa pour la Serbie, bien que le ministère Kaliewitch fût toujours au gouvernail. Nous avons raconté plus haut l'arrestation de Liubibratiïch par les troupes autrichiennes, et les accusations que les Serbes firent peser à ce sujet sur les Autrichiens et tout particulièrement sur les Hongrois ; nous avons dit également que·mademoiselle Merkus camarade de l'agitateur, avait été à Belgrade l'objet d'une ovation enthousiaste. A la suite de cette ovation l'omladina fit le 10 avril 1876 un charivari devant la maison du prince de Vrède, consul général de l'Autriche à Belgrade. Naturellement l'Autriche demanda une réparation. Le ministère Kaliewitch dut donner satisfaction pleine et entière et prier le consul général d'excuser les excès commis par l'enthousiasme serbe.

Au même moment, les puissances du nord conféraient de nouveau, voulant sérieusement cette fois que la malheureuse note Andrassy produisît quelque effet. En Bulgarie, la révolte avait éclaté à la suite d'exactions inouïes ; puis, l'attentat de Salonique avait eu lieu.

Tous ces faits réunis enflammaient les Serbes, et les mettaient dans une très violente surexcitation. Ils demandaient une action vigoureuse et énergique de la principauté contre la Turquie, et un goûvernement d'action.

Milan dut céder à la pression, le ministère Kaliewitch se retira et fut remplacé au mois de mai par un ministère Ristitch-Gruitch ; le ministre de la guerre Nicolitch fit encore partie de la nouvelle combinaison.

III

MINISTÈRE RISTITCH

La Serbie conclut une alliance avec le Monténégro.
On s'attendait en Occident à ce que le nouveau cabinet déclarât aussitôt la guerre à la Turquie, tout au
moins au moment où la déposition d'Abdul-Aziz fut
connue. Les amis de la cause slave et de la cause
des chrétiens de la péninsule des Balkans trouvaient
que la Serbie avait déjà trop tardé à entrer en action,
et que maintenant, à la fin de mai, le moment
était opportun pour attaquer les Turcs; elle devait
profiter du désordre qui existait pour quelque temps
à Constantinople et de l'émotion causée en Europe par
la nouvelle de l'attentat de Salonique. Il ne fallait
pas laisser aux Turcs le temps de réfléchir et de
faire peut-être venir d'Asie des troupes nombreuses.

Ristitch comprit que la Serbie allait ne plus pou-

voir échapper à la guerre, mais il hésitait encore. Les
motifs de cette hésitation sont faciles à comprendre.
Plus on gagnait de temps, plus il était possible de
perfectionner l'organisation du personnel et du matériel; le recrutement des hommes et même des
chevaux nécessaires pour la campagne n'offrait certainement aucune difficulté ; mais il fallait pouvoir
entretenir les troupes permanentes et pour cela il
fallait de l'argent; c'était un sacrifice pécuniaire
relativement considérable pour le Serbe qui n'était
pas habitué à remuer de gros capitaux et qui s'était
tenu jusque là complètement en dehors des opérations financières. De plus l'armée serbe est plutôt
organisée en vue de la défensive que de l'offensive;
il semble donc que la Serbie eut intérêt à être attaquée plutôt qu'à attaquer; et même si, par suite des
événements, les Serbes étaient obligés à un moment
donné de franchir leur frontière, il fallait bien qu'en
cas d'échec, ils pussent se replier derrière des fortifications, dont le soldat de milice tire un grand parti.
Les Serbes avaient sur ce point des notions très
sérieuses, plus sérieuses même que celles que possèdent les habitants d'autres pays qui se croient
bien plus civilisés. Sur tous les points importants on
avait depuis un an commencé à créer des fortifications; mais elles n'étaient pas encore entièrement
parachevées. Enfin il fallait tenir compte de l'attitude
des grandes puissances; on pouvait espérer que pous-
sées à bout par l'infamie turque, elles seraient enfin
forcées de changer de ton, et de soutenir les chré-

tiens sujets de la Porte non plus avec des notes mais
avec des canons.

Si, jusqu'à la fin du mois de mai, nous remar-
quons de l'hésitation et une certaine indécision dans
l'attitude du ministère Ristitch, préoccupation bien
naturelle quand on pense à la responsabilité qu'il
devait assumer en passant de l'intention aux actes,
nous voyons ensuite les événements se précipiter et
l'émotion croissante de la nation augmenter de jour
en jour.

Dès le 24 mai, un décret relatif à un emprunt de
12 millions était publié; cet emprunt, assuré par le
capital serbe, devait rapporter 8 pour cent et être
remboursé dans un délai de cinq ans.

Le 29 mai, le général russe Tchernaïeff était nommé
général dans l'armée serbe et le bruit courait qu'il
devait la commander en chef. Un décret parut peu
après, ordonnant qu'en cas de guerre les écoles et
tribunaux fussent fermés; des troupes furent dirigées sur la frontière.

Au même moment, la Serbie avait entamé avec le
Monténégro des négociations, qui aboutirent, le 26
mai, à la conclusion d'une alliance offensive et défensive pour protéger les intérêts serbes dans la péninsule des Balkans.

IV

LA SERBIE ET LE MONTÉNÉGRO DÉCLARENT
LA GUERRE A LA TURQUIE

Ces préliminaires justifièrent pleinement la démarche que fit la Sublime Porte le 9 juin : elle demanda à la Serbie des explications sur ses préparatifs de guerre. La Serbie répondit qu'elle désirait le maintien de la paix et voulait toujours respecter l'intégrité de l'empire ottoman. Elle promit en même temps d'adjoindre à M. Magazinowitch, son agent habituel à Constantinople, un ambassadeur spécial pour conférer avec la Porte sur la situation présente et arrêter, de concert avec elle, les mesures qui s'imposaient comme conséquence de cet état de choses. Le grand-vizir répondit dans un langage très conciliant.

Néanmoins les deux partis se considéraient l'un l'autre avec défiance et de jour en jour la situation se compliquait; on s'acheminait rapidement vers un dénouement sanglant.

Depuis le mémorandum de Berlin, la Serbie et le Monténégro comptaient sur l'appui *au moins de quelques-unes des grandes puissances.* Les Serbes étaient persuadés que si ces dernières n'intervenaient pas dès la déclaration de guerre, elles ne laisseraient, ni ne pourraient laisser en détresse la Serbie, d'après le texte même du mémorandum. L'attitude décidée de la Serbie et du Monténégro forceraient les puissances, qu'elles le voulussent ou non, à intervenir d'une façon active; or il était maintenant impossible à la plupart d'entre elles de se déclarer pour la Turquie; elles devaient prendre parti contre la Porte.

Tout en s'abandonnant à ces espérances et se fiant à ces prévisions, les Serbes en arrivèrent à formuler des sommations; suivant la réponse qui allait y être faite, c'était la paix ou la guerre pour les deux principautés. La Bosnie et l'Herzégovine, disaient les Serbes, seraient immédiatement pacifiées, dès que les Turcs cesseraient d'administrer directement ces provinces. La Serbie et le Monténégro devaient entreprendre cette œuvre de pacification, et pour que ce fût une œuvre durable et qu'en même temps les deux principautés fussent récompensées des services rendus à l'Europe en cette circonstance, le vilayet de Bosnie serait annexé à la Serbie, l'Herzégowine au Monténégro. Les princes de Serbie et de Monténégro resteraient vassaux de la Porte et tous deux lui paieraient un tribut annuel pour les provinces annexées; le prince de Monténégro ne dépendrait bien entendu de la Porte que *pour l'administration de l'Herzégovine.*

Le sénateur monténégrin Stanko Radonitch fut envoyé à Ems pour présenter au chancelier de l'empire russe et aux représentants des puissances ces différentes propositions; en outre un ambassadeur extraordinaire devait aller à Constantinople pour démontrer de vive voix aux Turcs que les projets et les demandes des Serbes étaient parfaitement acceptables. M. Kristitch fut désigné pour cette dernière mission. Mais il n'eut pas la peine de se rendre à Constantinople, car la Serbie apprit officieusement que la Porte n'entrerait pas dans ses vues « fantaisistes »; et du reste la Russie lui fit observer qu'il était peu probable que les revendications de la Serbie fussent sérieusement appuyées par les grandes puissances.

De fait, la diplomatie européenne avait toutes sortes d'objections à faire à une guerre entre les principautés serbe et monténégrine et l'empire ottoman; elle demandait aux deux petits pays de lui laisser le champ libre pour l'action.

Un enthousiasme indescriptible pour la guerre se manifestait d'autre part chez le peuple russe; d'importants personnages politiques en Russie encourageaient les Serbes à persévérer dans la voie qu'ils avaient prise : il était nécessaire, disaient-ils, d'arracher, même par la violence, l'Europe à son état de stagnation diplomatique, enfin ils allaient jusqu'à promettre un appui actif dans le cas d'une guerre. Enfin les Serbes voyaient combien on était revenu en Europe des sentiments enthousiastes qu'on avait jadis manifestés à la Turquie, en faveur de laquelle on s'était montré si partial en 1853; ils constataient en même temps que le peuple anglais, appréciant à leur juste valeur les procédés gouvernementaux employés par les Turcs, était indisposé par leur fourberie et pourrait bien quelque jour obliger M. Disraëli à leur manifester moins haut ses sentiments sympathiques.

Les Serbes, tout en s'abandonnant volontiers à ces diverses considérations, regardaient comme un fait d'importance tout à fait secondaire les représentations qu'avait pu leur faire la diplomatie européenne. Le 23 juin le sort en était jeté: la nation serbe prenait les armes.

Le 29 juin, M. Magazinowitch communiqua à la Porte un écrit dans lequel les revendications de la Serbie et du Monténégro étaient formulées; c'était à l'origine M. Kristitch qui devait remettre ce document. La Porte répondit par un refus formel de se conformer à ces injonctions (nous avons vu plus haut que cette solution était attendue), une déclaration de guerre s'ensuivit et M. Magazinowitch fut rappelé à Belgrade.

Le 29 juin, le prince Milan se rendit à l'armée; monté sur le navire *Deligrad*, il suivit le Danube jusqu'à Semendria, d'où il adressa à son peuple une proclamation, qui fut aussitôt publiée dans toutes les communes. Le prince disait qu'il avait eu l'intention d'envoyer un ambassadeur à Constantinople pour s'entendre avec la Sublime Porte. Mais celle-ci avait montré de la manière la plus évidente qu'elle se refusait à toute entente. Bien plus, elle envoyait troupes sur troupes vers la frontière serbe : des Tcherkesses, des Kurdes, des Arnautes étaient prêts à envahir la Serbie pour y mettre tout à feu et à sang. Il était donc nécessaire de faire face à ce danger, et même de faire irruption dans les provinces insurgées pour y ramener l'ordre et la paix. Tout en agissant de la sorte, la principauté saurait respecter les différents cultes, et ne porterait pas atteinte à l'intégrité de l'empire ottoman. Si la Porte s'opposait à cette intervention armée, les Bosniaques, les Herzégoviniens les Bulgares et les Monténégrins combattraient à côté des Serbes. Enfin le prince recommandait spécialement aux troupes d'éviter toute violation du territoire autrichien.

Cette proclamation fut suivie de plusieurs décrets. Le 2 juillet, l'état de siège fut déclaré dans la principauté ; les tribunaux ordinaires, supprimés pour la durée de la campagne, furent remplacés par des conseils de guerre. Le traitement des fonctionnaires, touchant plus de 300 guldens autrichiens (750 francs) fut réduit de moitié pour la durée de la guerre ; une retenue de 20 pour cent fut opérée sur les traitements de moins de 300 guldens. L'administration des communes, qui étaient autonomes en temps ordinaire, fut soumise au contrôle du gouvernement, et il fut décidé que les communes seraient obligées, en cas de besoin, de subvenir à l'entretien des familles de leur territoire, dont les chefs étaient sous les drapeaux. Enfin le gouvernement devait avoir le droit de disposer des fonctionnaires civils et religieux, suivant que le besoin s'en ferait sentir.

Le prince de Monténégro avait donné pour motif à sa déclaration de guerre, que les Turcs avaient fait acte d'hostilité envers le Monténégro, en bloquant la frontière méridionale de la principauté; par suite de cet état de choses, le commerce était entravé et les Monténégrins vivaient dans une inquiétude perpétuelle. De plus les Turcs avaient promis des réformes à l'Herzégovine, alors qu'ils savaient parfaitement ne pouvoir remplir leurs engagements.

Le 2 juillet, le prince annonça à ses troupes qu'il avait déclaré la guerre à la Porte. La nouvelle en fut accueillie avec enthousiasme. Il remit l'étendard de la guerre à l'armée et se mit à sa tête pour faire irruption dans la contrée bien connue de tous, *l'Herzégovine.*

La Serbie et le Monténégro avaient donc déclaré la guerre à la Turquie. Pour ne pas faire comme Napoléon III en 1870, il fallait prendre l'offensive; sinon la déclaration de guerre n'avait pas de sens; si l'on devait se tenir sur la défensive il eût mieux valu attendre que l'ennemi déclarât lui-même la guerre.

Nous avons déjà décrit les contrées qui seront le théâtre des premières opérations des Monténégrins.

Il nous reste à faire une description du théâtre de guerre de Serbie avant de commencer le récit de la nouvelle campagne. Par théâtre de guerre de Serbie, nous entendons la principauté de Serbie elle-même et les territoires et provinces turcs qui l'avoisinent.

DIXIÈME PARTIE

I

DESCRIPTION GÉOGRAPHIQUE DE LA SERBIE

La principauté de Serbie est bornée au nord par
la Save, jusqu'au confluent de cette rivière et du
Danube, puis par le Danube lui-même, — à l'ouest
d'une façon générale par la Drina, — à l'est par
le Timok et au sud par de hautes montagnes qui,
appuyées au Danube par leurs contreforts, vont en
s'abaissant vers l'intérieur de la Serbie. La principauté est de tous côtés entourée de populations qui
appartiennent de près ou de loin à la race serbe.
Les Serbes soumis à la domination autrichienne
ont toujours témoigné à leurs compatriotes restés
indépendants une vive sympathie, payée de retour par ces derniers ; c'était même là un grave

sujet de préoccupation pour les seigneurs magyars des plaines de la Theiss et du Danube.

La principauté a une étendue maxima de 300 kilomètres de l'est à l'ouest, de la Drina au Timok; du nord au sud, du Danube jusqu'aux monts Kopaonik, à la frontière méridionale, il y a au plus 180 kilomètres.

La rivière la plus importante de la Serbie, la *Morava* coule entre la *Drina* et le *Timok*, plus près de la deuxième que de la première de ces deux rivières; elle se jette dans le Danube entre Semendria et Dubrawitza, après s'être fractionnée en plusieurs bras pendant la dernière partie de son cours. La *Kolubara* partage enfin l'espace compris entre la Drina et la Morava; son cours suit une direction parallèle à celle de ces rivières.

La *Drina*, dont nous avons parlé plus haut, sort du vilayet de Bosnie, au nord de Vichegrad entre Vratar et Gaotchitz; puis elle sert de frontière à la Serbie jusqu'à son confluent avec la Save à Ratcha. Il est toutefois un point de son cours qui n'appartient pas aux Serbes, c'est la ville de Klein Zwornik. En aval de celle-ci, la vallée de la Drina s'élargit, et la rivière coule par une pente insensible vers la vallée de la Save qui, bien que favorisée par la nature, n'est cependant habitée que par une population malheureuse. Dans son cours inférieur, principalement à l'est de la ville bosniaque de Bielina, la Drina se divise en plusieurs bras et forme des îles.

La Kolubara prend sa source sur le territoire même de la principauté de Serbie, dans les collines de Podgora, hautes de 400 mètres environ et situées à l'ouest de Valyewo, qui séparent les vallées de la Drina et de la Save. La Kolubara se jette dans la Save à Obrenowatz.

La Morava est formée par la réunion des eaux de la Morava serbe ou occidentale, et de la Morava bulgare ou méridionale, qui elles-mêmes reçoivent d'importants affluents. Les deux Moravas se réunissent dans le sud de la principauté à Stalachi. La Morava bulgare prendre sa source sur le versant septentrional des monts Javor ou Golia, dont les sommets sont élevés de 1682 à 1791 mètres au-dessus du niveau de la mer. Ce massif, couronné par d'épaisses forêts, s'abaisse vers le plateau de Giliewah au sud dans le cercle de Novi Bazar ; c'est là qu'on remarque la ville de Sienitza très importante au point de vue militaire par suite de sa position centrale. La Morava serbe coule d'abord vers le nord, passe à Ivanjitza, où sa vallée n'est qu'à 468 mètres au-dessus du niveau de la mer ; elle s'infléchit ensuite vers l'est, passe à Tchatchak, à Caranowatz, où elle reçoit l'Ibar, puis à Kruchewatz, où elle n'est plus qu'à 161 mètres d'altitude : elle va se jeter non loin de là dans la Morava bulgare.

L'Ibar prend sa source sur le versant septentrional des montagnes qui longent la frontière sud-est du Monténégro ; l'ensemble de ce massif a été récemment désigné sous le nom d'Alpes albanaises septentrionales. L'Ibar coule d'abord de l'ouest à l'est jusqu'à Mitrowitza, dernière station de la voie ferrée venant de Salonique sur Ueskub ; cette ligne, qui suit la vallée du Vardar, devait être continuée de Mitrowitza à Banialuka. Après Mitrowitza, l'Ibar se dirige vers le nord ; il se fraie un passage à l'est de Golia, dans le massif qui limite la Serbie au sud, puis se jette dans la Morava serbe à Karanowatz, comme nous l'avons vu plus haut.

Au point précis où il entre en Serbie, l'Ibar reçoit à gauche la Rachka, qui prend sa source sur le versant méridional du massif de Golia. C'est entre la Rachka et l'Ibar, sur le territoire de l'arrondissement de Novi-Bazar que s'étendent les montagnes qui prolongent les Alpes albanaises. Leurs sommets dans la chaîne de Rogosna, au sud de la ville de Novi-Bazar, atteignent la hauteur de 1469 mètres.

II

L'Ibar reçoit à droite la Sitnitza, près de Mitrowitza. Cette rivière prend sa source dans les contreforts nord-est du Char Dagh. Elle coule dans une
haute vallée à l'ouest de la ville de Pritchina (630
mètres d'altitude) ; c'est là qu'est le fameux « champ
des merles » où dans ces derniers siècles, et jusque
vers 1700, les Serbes, Hongrois et Autrichiens luttèrent tant de fois contre les Turcs. Les Serbes considéraient « le champ des merles » comme une porte
de sortie ouverte vers le sud et les Turcs regardaient
cette position comme la clef de la région du Danube.

De fait, il existe dans cette contrée une ligne de
partage des eaux très remarquable. C'est tout près
des sources de la Sitnitza, que se trouve la source
de la Morava bulgare, dont nous allons parler tout
à l'heure avec quelques détails.

Au sud des sources de la Sitnitza, se trouve le point de départ du Lépenat qui va se jeter dans le Vardar qui lui-même vient du versant sud-est du Char Dagh et coule vers la mer Egée. Le chemin de fer qui part de Salonique, passe par Skoplie (Uskub) à 318 m. d'altitude dans la vallée du Vardar, puis à Katchanik (525 m. d'altitude) dans la vallée du Lépenat, franchit la ligne de partage des eaux à Varoch, et descend dans la vallée de la Sitnitza; il traverse ensuite le *Champ des Merles* et vient aboutir à Mitrowitza.

Entre le *Champ des Merles*, les versants nord-ouest du Char Dagh et les versants sud-est des Alpes albanaises, s'étend une région de florissantes collines, qui furent couvertes de cultures dans l'antiquité et au moyen âge, jusqu'à l'époque de la domination turque. Les points les plus élevés de cette contrée atteignent seulement une altitude de 400 à 500 mètres. Ce pays, vraiment favorisé par la nature, est situé entre le 42e et le 43e degré de latitude. Prisren est à 518 mètres et Glina, sur le Glinar, à 415 mètres d'altitude.

La Bresnitza et le Glinar, séparés par une côte dénudée, prennent leur source dans le pays où les versants nord des Alpes albanaises se relient à la région de ces collines. Pendant la première partie de leurs cours, ces rivières coulent l'une près de l'autre. La première se jette dans la Sitnitza, qui elle-même grossit l'Ibar, la Morava, le Danube, pour se jeter dans la mer Noire. Le Glinar coule vers le Drin blanc, passe avec lui à l'ouest de la contrée albanaise de Scutari et se jette dans la mer Adriatique. C'est donc autour de Varoch et dans la région dont nous parlerons tout à l'heure, que se trouvent les lignes de partage des eaux de trois mers, la mer Noire, la mer Égée, et l'Adriatique.

Des montagnes élevées et d'accès difficile permettent, en s'ouvrant largement, au nord de la péninsule, d'avoir de nombreuses relations avec le sud. Nous aurons l'occasion de constater plusieurs faits du même genre ; et il paraît d'autant plus nécessaire de le faire que, d'après l'inspection de nos cartes, on se figurerait aisément qu'il existe une chaîne de montagnes constituant en quelque sorte une barrière infranchissable, et s'étendant de Burgos sur la mer Noire à Durazzo sur la mer Adriatique.

Les sources de la Morava bulgare sont à cinq kilomètres à peine des sources de la Sitnitza ; elle coule d'abord dans une vallée étroite, longe les versants septentrionaux du Karadagh en suivant une direction générale est-ouest juqu'à Bujanowze. C'est dans cette région peu élevée que se trouve la ligne de partage des eaux de la mer Noire et de la mer Egée ; dans cette contrée la Morava passe à huit kilomètres seulement des sources de plusieurs affluents du Vardar. Cet abaissement de la ligne de faîte a été utilisé pour le passage de plusieurs routes. La grande route qui, partant de Nich, a toujours remonté la vallée de la Morava, quitte cette vallée et passe dans la vallée du Vardar à Kumanowo (361 m. d'altitude).

Après Bujanowze, la Morava bulgare prend une direction générale sud-nord, passe à Vranja (502

m. d'altitude) à Tirgowicht (349 m. d'alt.) Leskovatz
(214 m. d'alt.), puis, laissant à sa droite Nich (207
m. d'altitude), elle passe à Alexinatz et se réunit ensuite à la Morava serbe près de Stalachi.

Toute la contrée qui s'étend entre Vranja et Kumanowo, (Haute Morawie), est une région de fertiles
collines qui continuent sans interruption une autre
région également très riche que nous avons remar-
quée dans la vallée du Vardar. De Vranja jusqu'à
Leskowatz, surtout à Tirgowicht, la rivière doit se
frayer un passage entre les monts de Chiréna qui
sont sur sa rive droite, et les contreforts occidentaux du massif de Golia qui sont sur la rive gauche. En aval de Leskowatz, la Morava n'a plus sur
sa rive droite que le massif de Kruschvitz, tandis que
sur sa rive gauche des collines fertiles occupent l'espace compris entre le pied des versants occidentaux
du Kopaonik et la rive de la Morava. Ces collines
atteignent aux points les plus élevés une altitude de
300 m. au-dessus du niveau de la mer. Nich et ses
environs sont dans une plaine unie ; plus loin, en
remontant vers le nord, la vallée est de nouveau
resserrée par des montagnes, près de la frontière
serbe jusqu'à Alexinatz.

Les principaux affluents de la Morava bulgare
sont à gauche : la *Jablanitza* qui descend du Goliak,
s'approche beaucoup de la Morava vers Leskowatz,
court quelque temps parallèlement à cette rivière à
laquelle elle se réunit enfin vers Tcheknin ; — la
Toplitza, qui sort du Kopaonik, coule de l'ouest à

l'est, et vient se jeter dans la Morava entre Orlan et Dolatz.

La Morava reçoit à droite : la *Nichava* qui prend sa source à l'ouest de Tirn (Isnopol) dans les monts Vlafina, passe d'abord à Pirot, (Chcherkoï, Charkoï) au nord, puis à Ak Palanka (Biela Palanka Mustafa Pacha Palanka) et à Nich ; elle affecte une direction est-ouest et vient se jeter dans le Morava non loin de Mramor. — La *Topolnitza*, dont les sources sont en Serbie, qui passe à Supowatz et entre en Turquie ; — enfin à Alexinatz, la *Moravitza* dont tout le cours appartient à la Serbie.

La frontière serbe, entre l'Ibar et la Morava bulgare, est de nouveau constituée par de hautes montagnes.

Le Kopaonik suit la rive droite de l'Ibar, coupe la frontière à angle droit de la Morava serbe au nord, jusqu'à la contrée de Mitrowitza au sud. A l'intérieur de la principauté, le sommet le plus élevé du massif (altitude 2100 m.) s'élève comme un observatoire ayant des vues sur la Turquie. A l'est de Mitrowitza, tout à fait au sud du massif, on trouve encore un sommet élevé de 1659 mètres au-dessus de la mer.

Sur le versant septentrional du Kopaonik, dans la principauté, on trouve les sources de la Raffina qui va se jeter dans la Morava serbe au dessous de Kruchewatz ; enfin plus au sud, sur le territoire turc, on remarque la Toplitza dont nous avons déjà parlé. Entre ces deux cours d'eau, que l'on peut regarder comme parallèles l'un à l'autre, il existe une chaîne

de montagnes le Jastrebatz, qui s'étend du Kopaonik
à Supowatz sur la Morava bulgare ; elle est orientée
de l'ouest à l'est ; sa hauteur moyenne est de 1296
mètres ; le versant tourné vers la Turquie est à pente
très rapide. Ce massif est traversé par la Jankowa
Klissura ; c'est une gorge extrêmement étroite, com-
parable à la brèche de Roland à Roncevaux et qui
conduit de Kourchoumlie, dans la vallée de la Toplitza, à Zlatari dans la vallée de la Raffina.

« La Morava, étant enfin constituée par la réunion
des Moravas serbe et bulgare, passe à Paratchin et à
Tchuprija ; sa vallée n'est plus que rarement resserrée par des montagnes ; elle forme des îles et se divise en plusieurs bras, elle arrive enfin au Danube
en traversant une large plaine pendant la dernière
partie de son cours. A Lukowitza, point situé à 60
kilomètres du confluent, le niveau des eaux de la
Morava est encore à 124 mètres d'altitude, tandis
qu'il n'est plus qu'à 70 mètres d'alt. au confluent. Il
existe entre la basse Morava, le Danube et le Timok
une région assez montagneuse dont il faut tenir
compte ; les principaux sommets de cette région
n'atteignent, il est vrai, que 1100 à 1200 mètres au
plus ; relativement à certaines contrées avoisinan-
tes, c'est une hauteur très considérable, et il faut
bien songer que le niveau des eaux du Danube vers
Orsova, aux *Portes de fer* par exemple, n'est guère
qu'à 48 mètres au dessus de la mer.

IV

Le Timok est constitué par la réunion des deux
rivières le grand Timok ou Timok blanc, et le Timok
Tirgowiche : le premier est à l'ouest[1], le deuxième à
l'est: tous deux ont leur source sur le territoire turc,
mais tout près de la frontière serbe, à une altitude
de 600 mètres. Ils se réunissent sur le territoire de
la principauté près de Kniachiewatz (Gurgussowatz).
Après cette ville, le Timok passe à Saitchar (743
mètres d'altitude) et à partir de Vrachogratz au
dessous de Saitchar jusqu'à Rakovitza il sépare la
Serbie à l'est de la Bulgarie turque.

1. Les rivières, qui se réunissent pour former le Timok portent
des noms différents, suivant les cartes qu'on consulte ; nous avons
pris nos appellations dans la carte générale au $\frac{1}{30\,000}$ de Bosnie,
Herzégovine et Monténégro, éditée provisoirement par l'institut
militaire géographique.

En partant de Rakowitza, (confluent du Timok et du Danube), c'est le Danube même qui sépare à l'est la Serbie de la Roumanie.

Les monts Saglawtch longent la rive droite du haut Timok jusqu'à Vrachogratz. Ces montagnes atteignent vers Belgradchik une hauteur maxima de 1092 mètres; à Pirlita, au sud-est de Saitchar, elles s'élèvent encore à 678 mètres. La hauteur de la chaîne au dessus de la vallée du Timok n'est que de 200 mètres. Ces collines s'abaissent de plus en plus au nord dans la direction du Danube à Rakowitza et à l'est également dans la direction du Danube vers Viddin. Adlie, la colonie de Tcherkesses, établie sur la route de Viddin à Saitchar, n'est par suite qu'à 282 mètres environ au dessus du niveau de la mer et 140 mètres environ au dessus de la vallée du Timok vers Saitchar.

Par suite du rapprochement des montagnes, les affluents de la rive droite du Timok n'ont guère d'importance, vu le peu de longueur de leur cours. Dans le voisinage de la rive gauche du Timok et de la rive droite du Danube, de Rakowitza aux « Portes de fer », nous trouvons des collines peu élevées, qui atteignent leur plus grande hauteur à l'ouest vers la vallée de la Morava dans la contrée avoisinant le Danube, plutôt qu'au sud à la frontière turco-serbe. Nous nous occuperons tout à l'heure de ces collines.

La frontière méridionale de la Serbie est constituée par des montagnes, entre le cours inférieur de la Morava bulgare et le Timok; mais ces montagnes ne sont pas d'accès aussi difficile que celles qu'on trouve entre la Morava bulgare et la Drina. Le point le plus élevé du massif de Gulijanska, situé entre le Timok blanc et la Nichava, est seulement à 1045 mètres d'altitude. Enfin la Nichava contourne à l'est le plateau de Babina Glawa, situé seulement à 500 mètres au dessus du niveau de la mer; les hauteurs situées à l'ouest du massif de Gulijanska entre la Nichawa et la Topolnitza, puis entre celle-ci et la Moravitza, n'ont pas une plus grande élévation.

V

Il est un facteur extrêmement important dans la
conduite des opérations, c'est le réseau des voies de
toute sorte. On ne peut pas se faire une idée de la
viabilité d'un pays si l'on en connaît seulement le
relief, la situation, la pente ; il est d'autres raisons
qui influent sur la multiplication des voies de communication, ce sont la constitution géologique du sol,
sa nature plus ou moins rocailleuse, l'épaisseur de
la terre végétale, les marais, l'aspect d'un pays et
la nature de ses cultures, les forêts, les prés, les
champs ; enfin il faut considérer également les ouvrages d'art accomplis en vue d'améliorer le réseau
des communications. Une contrée vraiment montagneuse, traversée par de nombreuses routes, a exigé
plus de travaux d'art qu'un plateau, où les obstacles
que peut opposer la nature, sont relativement insi-
gnifiants.

Nous distinguerons d'abord les routes carrossables c'est-à-dire les voies qui sont pourvues d'une chaussée ou même les routes qui, sans avoir de chaussées, sont cependant assez bien entretenues pour donner passage à des corps d'armée suivis de leurs « impedimenta », — puis les routes et chemins muletiers. Ceux-ci étaient à l'origine des sentiers naturels, servant aux communications des habitants de communes voisines, et réparés grossièrement par eux aux endroits difficiles tels que passages des cours d'eaux et escarpements. En pays de montagne, ces chemins muletiers servent aux piétons, puis aux bêtes de somme (chevaux ou ânes). Ils peuvent même être utilisés par des voitures légères lorsqu'ils traversent un pays moins accidenté où ils ne sont pas resserrés entre des montagnes, et où leur pente est modérée ; encore faut-il pour cela que le temps soit beau, car une pluie de longue durée ne tarde pas à les mettre hors d'usage.

Nous commencerons par dire que, dans tout le théâtre de guerre que nous étudions, l'art a bien faiblement contribué à la création et à l'amélioration des voies de communication.

Nous nous occuperons peu des chemins de fer. Nous avons déjà parlé de la ligne qui part de Constantinople, passe à Andrinople, Philippopoli et Tatar Basardchik, et aboutit à la frontière serbe.

Quant à présent, cette ligne n'est complètement terminée que jusqu'à Bellova, et n'est exploitée que jusqu'à cette station. De Bellova à Alexinatz sur la

frontière serbe, il y a encore 240 kilomètres, c'est-
à-dire 12 étapes. Mitrowitza n'est qu'à 50 kilomètres
de Rachka, sur la frontière serbe.

La chaussée de Bellova passe par Sophia, Sliw-
nitza (Chalkali), Pirot (Cheherkoi, Cherkoi) et Ak
Palanka (Mustapha pacha Palanka) et aboutit à
la forteresse turque de Nich (Nissa); de Nich au village serbe de Drachewatz, un chemin muletier, pra-
ticable aux voitures dans la belle saison, prolonge
la chaussée de Bellova. Puis en Serbie vers Drache-
vatz commence une nouvelle chaussée passant sur
la rive droite de la Morava par Alexinatz, Deligrad,
Paratchin et se terminant à Passarovitz, où elle rencontre une autre route carrossable. Cette dernière
route part du nord des monts Iastrebatz dans la vallée
de Raffina, passe d'abord à Kruchevatz, puis sur la
rive gauche de la Morava par Iagodina et Batachina
et franchit enfin la rivière pour aller à Passarovitz rejoindre la route dont nous venons de parler.
Les deux routes de la Morava sont traversées en plusieurs points par des routes transversales venant de
l'autre côté de la rivière. L'une de ces routes part de
Kruchevatz, passe à Djunis, Praskovatz et aboutit à
Deligrad. D'autres croisements ont lieu à Paratchin-
Tchupriya; mentionnons encore la route de Batachina à Svilaïnatz.

VI

La contrée avoisinant la Morava bulgare et dont
les points saillants sont Nish, Alexinatz et Deligrad
est particulièrement intérressante au point de vue
militaire dans le cas d'une guerre turco-serbe.

La forteresse turque de Nich n'a, il est vrai, que
12,000 habitants dont les deux tiers sont des chrétiens serbes ou bulgares, mais elle est très étendue
et peut loger un grand corps d'armée. Dans ces derniers temps, elle a été pourvue d'une ceinture de
forts détachés. L'un d'eux est établi à l'est de la ville,
au sud de la Nichava, contre la Kutina ; un deuxième
fort, portant le nom de *Midhat pacha*, est situé au
nord, près de la route de Nich à Gramada et Dervent
en Serbie ; le troisième fort *Abbdi pacha* est au sud,
sur la route de Leskovatz, le quatrième fort *Mramor* est sur la rive droite de la Morava près de la

route de Toplitza à Prokoplie ; une tête de pont
sur la rive gauche de la Morava a été récemment
mise en communication avec ce dernier fort. Les
forts détachés sont à 2 ou 3 kilomètres de l'enceinte principale.

En face de Nich, on trouve d'abord sur le territoire serbe Alexinatz. Cette petite ville, peu importante par elle-même, est néanmoins le centre des relations postales et télégraphiques entre la péninsule
des Balkans et le reste de l'Europe. Elle n'est en
ligne droite qu'à 28 kilomètres de Nich ; à la fin de
l'été de 1875, des travaux ont été entrepris pour faire
d'Alexinatz et de ses environs un grand camp retranché. Ce camp est formé de vingt-et-une redoutes
fermées, établies sur toutes les hauteurs et principalement aux abords de la ville, entre la rive gauche de
la Morawitza et la rive droite de la Morava ; ces redoutes sont munies de palissades et d'abris couverts
pour les hommes et les vivres. Il y a en outre une
tête de pont sur la rive gauche de la Morava, au-
dessous d'Alexinatz ; elle est défendue par quelques
ouvrages, situés entre la rive droite de la Morava et
la rive droite de la Morawitza. Quelques ouvrages
de fortification passagère, batteries et retranche-
ments rapides, établis dans l'intervalle compris entre les ouvrages fermés à la gorge et en arrière de
ces ouvrages, compléteraient le système. Les ouvrages fermés ont été armés de pièces rayées des calibres
de 12 et 24 centimètres, tandis que les ouvrages de
fortification passagère sont destinés à servir à l'ar-

tillerie de campagne. Il faut pour occuper le camp retranché d'Alexinatz une garnison d'au moins 15000 hommes.

Deligrad, située seulement à 12 kilomètres d'Alexinatz, appartient à la même zone fortifiée. Six redoutes, semblables à celles d'Alexinatz, sont groupées autour d'un vieux fort, sur les hauteurs orientales qui se détachent des monts Lukawitza et aboutissent à la vallée de la Morava. Elles défendent le débouché de la vallée de la Morawitza dans la vallée de la Morava, et en même temps la route de Kruchewatz à Deligrad.

Nous ne tarderons pas à reconnaître les services que ces fortifications intelligemment aménagées rendirent aux Serbes. Elles pouvaient tenir lieu d'ouvrages permanents. On comprendra facilement qu'il eût été absolument impossible aux Serbes de se fortifier de la sorte, s'ils avaient attendu pour le faire la semaine qui précède les hostilités; du reste l'ennemi ne laisse pas toujours une année entière pour édifier des ouvrages provisoires de cette importance.

VII

La route de Nich à Sophia est entre Nich et Pirot sensiblement parallèle à la frontière sud-est de Serbie; elle n'est qu'à 12 kilomètres de cette frontière vers Ak Palanka. Il y a 38 kilomètres de Nich à Ak Palanka et 25 kilomètres d'Ak Palanka à Pirot. Près d'Ak Palanka on trouve un vieux castel.

Une route carrossable part d'Ak Palanka, se dirige vers le nord, franchit la partie occidentale de la Babina Glawa jusqu'à la frontière serbe, puis longe de près cette frontière, mais en se maintenant toujours sur le territoire bulgare; elle passe à l'est de Mirilowatz et Iswor, arrive à Betowatz, et de là reprend la direction du nord par Belgradchik pour aboutir à l'importante forteresse de Viddin. Cette route est rencontrée à l'est d'Iswor par une autre route qui vient de Pirot en franchissant la partie orientale de la Babina Glawa.

18.

La plupart de ces routes sont dues à Midhat-Pacha qui fut en 1862 gouverneur du vilayet du Danube.

Sur le territoire serbe, on ne trouve d'abord aucune route tracée prolongeant les routes turques; en quittant Mirilowatz, on doit prendre des routes et chemins muletiers qui vous conduisent par Pandirolo à Ponor où l'on trouve la grande route de Nich à Gramada et Kniachiewatz. On peut encore se rendre directement à Kniachiewatz en prenant de mauvais chemins qui suivent le cours du Timok Tirgowiche.

Les hauteurs de Tresibaba, au sud de Kniachiewatz commandent ce réseau de routes. Kniachiewatz (Gurgussowatz) n'a pas de communication directe à l'est avec Belgradchik par exemple; en revanche elle est reliée à Deligrad (distante de 55 kilomètres en ligne droite) par une bonne route, qu'il serait facile de barrer aux points où elle traverse les défilés de Zerovitza et de Bania. Enfin une bonne route carrossable suivant d'abord la rive droite, puis la rive gauche du Timok, arrive à Saitchar (ville située à 36 kilomètres de Kniachiewatz).

Saitchar est situé sur la rive gauche du grand Timok sur le Timok noir, près du confluent des deux rivières. Un chemin part de cette ville et se dirige sur Adlie où est établie une colonie de Tcherkesses. A Adlie on trouve la grande route de Viddin qui est à 50 kilomètres à peine de Saitchar.

Une route part de Saitchar, s'éloigne d'abord du Timok pour s'en rapprocher plus loin, passe par Negotin et Brza Palanka et aboutit à l'ancienne forteresse turque de Kladowa sur le Danube. En remontant le Danube de Kladowa à Belgrade, on ne trouve sur la rive gauche aucune route carrossable continue qui permette d'atteindre Belgrade.

La rive droite du Danube de Basiach à Turnu Severinn est longée par une route artificielle taillée en partie dans le roc, appartenant au royaume de Hongrie, et par suite fermée aux Turcs et aux Serbes.

Une route carrossable, se bifurquant à Brza Palanka, conduit en Serbie à Mosna, près de la rive gauche du Danube, puis plus loin à la mine abandonnée de Majdan-Pek; elle se perd ensuite dans de mauvais chemins qui aboutissent à Zerovitza dans la grande vallée du Pek; c'est de ce dernier point que part la grande route carrossable de Passarowitz.

Saitchar a une grande importance militaire pour la Serbie, parce que c'est la plus grande localité qui soit située en face de Viddin, et qu'elle a des communications nombreuses avec Kniachiewatz et la vallée de la Morava. La route de Kniachiewatz à Deligrad passe au sud du massif de Lubowitza (Retani); la route de Saitchar à Paratchin passe au nord du même massif. Sur cette dernière route, on rencontre plusieurs positions importantes : Planitza, Boljewatz, Lukowo. A 14 kilomètres à l'est de Paratchin, la route cesse d'être en bon état, et quelques mauvais chemins permettent d'atteindre Paratchin et Tchuprija.

Depuis le mois d'avril 1876, les Serbes avaient entrepris de fortifier les deux rives du Timok (pour avoir une tête de pont contre Veliki Iswor). Au moment où éclata la guerre, les travaux étaient loin d'être aussi avancés sur ce point qu'à Alexinatz et à Deligrad.

Nous mentionnerons encore la route qui conduit directement de Saitchar par Rudna Glawa à Mosna sur le Danube; nous nous occuperons maintenant des communications de la partie occidentale du théâtre de guerre.

VIII

Dans la région occidentale, nous distinguerons la partie septentrionale où les communications sont aisées, et la partie méridionale, pays extrêmement difficile.

Dans la partie septentrionale, des collines hautes de 450 m. au dessus du niveau de la mer, et 380 mètres au dessus de la vallée du Danube se détachent des monts Zer et Vlasitz; ces collines séparent à leur source quelques petits affluents de la Save, de la Kolubara et du Jodar, qui est lui-même affluent de la Drina.

La route de Sosnitza à Valjewo conduit de la vallée du Jodar à la vallée de la Kolubara; une autre route part de Losnitza, passe à Lechnitza et, s'éloignant peu à peu de la Drina, vient aboutir à Chabatz; elle suit plus ou moins la rive droite du Danube de Debre et

Obrenowatz jusqu'à Belgrade. Des routes carrossables réunissent les points suivants : Valjewo et Obrenowatz, Ub et Debre, Chabatz et le fort de Ratcha au confluent de la Drina et du Danube.

Plus loin il y a encore la route directe de Kragujewatz à Belgrade par Bochuriga et Partchani.

Dans la partie méridionale du théâtre de guerre, une grande route, suivant la Morava serbe, va de Tchatchak à Kruchewatz. Entre Tchatchak et Uchitza, les communinations ne sont pas toujours possibles, et la route est dangereuse sur plusieurs points. Nous en dirons autant des communications d'Uchitza et Tchatchak avec Iwanitza sur la Morava. En revanche une bonne route va de Tchatchak à Kragujewatz par Gornii Milanowatz.

Dans l'est de la Bosnie, sur la rive gauche de la Drina, les routes praticables font complétement défaut.

A ce sujet, nous attirerons l'attention du lecteur sur un point qui n'est pas sans importance pour les opérations. En Turquie de bonnes routes conduisent à peu de distance de la frontière serbe, en Serbie de bonnes routes conduisent tout près de la même frontière : il existe donc entre le réseau turc et le réseau serbe une solution de continuité ; c'est là une preuve matérielle des rapports peu sympathiques qui existent entre la Porte et la Serbie sa vassale. Cela démontre enfin que de gré ou de force la Porte a reconnu de fait l'indépendance de la Serbie.

Dans la partie sud-ouest du théâtre de guerre serbe

de mauvais chemins permettent de passer de la Serbie sur le territoire turc. Le mauvais état de ces chemins ne permet pas de les utiliser pour les opérations des grandes unités, on est donc forcé dans cette région de s'avancer « *en petits paquets.* »

Voici les plus importants de ces chemins :

1° D'Uchitza à Vichegrad par Zawina.

2° D'Uchitza à Nova Varoch et à Sienitza dans la vallée d'Uvatz.

3° D'Uchitza, de Tchatchak, à Nova Varoch et Sienitza, de la Morava serbe à l'Uwatz.

4° De Karanowatz à Mitrowitza par Rachka, en remontant la vallée de l'Ibar.

5° De Kruchewatz à Kourchoumlie dans la haute vallée de la Toplitza en remontant la vallée de Raffina et en passant par les ravins de la Jankowa Klissura.

Enfin nous dirons encore que sur tous les points où la frontière est constituée par des montagnes, on rencontre quelques postes, occupés par un petit nombre de soldats. Dans le compte-rendu des opérations, ces postes sont très improprement appelés « forts ». La prise d'un de ces forts semblerait à distance être un beau fait d'armes et on serait disposé à regarder un exploit semblable comme équivalent au gain d'une victoire, alors qu'en réalité ce sera un événement de peu d'importance.

CONCLUSION

Nous nous proposons de raconter dans un ouvrage, qui sera la suite de celui-ci, la lutte de la Serbie et du Monténégro avec la Turquie. Nous verrons le grand empire ottoman tenu quelque temps en échec par deux petites principautés, qui prennent en main la cause des sujets chrétiens de la Porte. Cette lutte n'est pas sans analogie avec la guerre d'indépendance que firent au moyen âge les paysans des Asturies : ceux-ci mal armés et mal organisés réussirent à chasser du sol de l'Espagne les conquérants musulmans, qui disposaient pourtant d'inépuisables ressources.

La Russie à son tour s'attaquera à l'empire ottoman, qui sortira très amoindri de cette lutte.

On peut dès maintenant prévoir que dans un avenir très prochain les Chrétiens des Balkans redeviendront maîtres du sol, dont ils furent dépossédés par l'invasion touranienne. Les races parasites venues d'Asie, — Osmanlis et Sémites incapables de tout progrès, — seront alors refoulées du sol européen.

Nous ne pouvons méconnaître les efforts faits à deux reprises différentes par des hommes supérieurs pour créer la *civilisation du Coran*. Une brillante renaissance eut lieu sous Haroun-Al-Raschid, puis plus tard sous les khalifes d'Espagne ; mais ces deux tentatives avortèrent complètement. Les Touraniens d'aujourd'hui sont aussi barbares que leurs ancêtres.

Je citerai un dernier exemple bien connu de tous à l'appui de la thèse soutenue dans cet ouvrage. — Il existe sur la côte septentrionale du continent africain une contrée jadis prospère qui s'appela Carthage et fut la rivale de Rome. Annexée au grand empire romain, Carthage en devint la plus belle province : un réseau de routes bien entretenues reliait entre elles des cités populeuses : — des villas, des thermes, de splendides constructions s'édifiaient partout, attestant la prospérité de la colonie africaine, devenue le « grenier de l'Italie ».

Quelques siècles s'écoulèrent et les disciples de Mahomet devinrent à leur tour les maîtres de cette splendide contrée ; qu'ont-ils fait de leur conquête ? — On ne rencontre plus dans la Tunisie actuelle que des nomades misérables qui font paître leurs troupeaux sur les ruines des villes si florissantes jadis, — d'infects gourbis ont remplacé les somptueuses villas, — les forêts elles-mêmes n'ont pas été épargnées ; elles ont été brûlées par les nomades qui ne demandent à la terre qu'un peu d'herbe pour leurs troupeaux.

Le conquérant musulman a complètement anéanti, sans la réédifier, l'œuvre de la civilisation latine en Tunisie, tant il est vrai que le Coran, en matérialisant ses adeptes, ne peut en faire que des êtres improductifs et nuisibles.

FIN

TABLE DES MATIÈRES

Imprimerie générale de Châtillon-sur-Seine. — A. Pichat.

www.ingramcontent.com/pod-product-compliance
Lightning Source LLC
LaVergne TN
LVHW020612060726
842526LV00003B/700